首都圏版㉞　最新入試に対応！家庭学習に最適の問題集!!

東京学芸大学附属
大泉小学校

2024年度版 過去問題集

合格までのステップ

**2019 ～ 2023年度
過去問題を掲載**

日本学習図書（ニチガク）

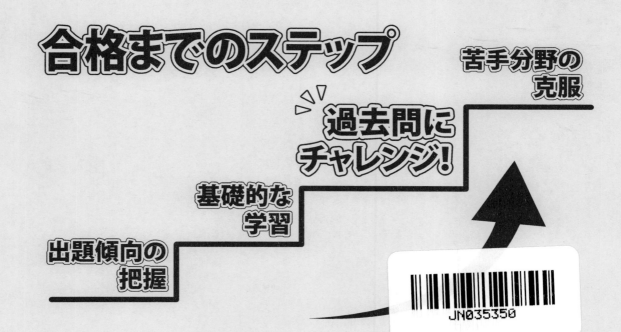

目指せ！合格！

家庭学習ガイド
東京学芸大学附属大泉小学校

ペーパー　口頭試問　行動観察

入試情報

応 募 者 数：男子 770 名　女子 733 名

出 題 形 態：ペーパー・行動観察・面接

面　　　接：志願者

出 題 領 域：ペーパー（お話の記憶、常識、推理、数量）、行動観察

入試対策

2022 年度の入試では、受験者数が一定数を超えたため、2023 年度に引き続き、一次選考（抽選）が実施されました。抽選の通過率は男女ともに 80％と、抽選が行われている他の国立小とは違い、多くの志願者が 2 次選考へと進んでいます。このことから、抽選結果を見てから対策を取るのではなく、抽選を通過することを見据えて、早めの対策開始をおすすめします。第 2 次選考の発育総合調査（入試）では、1 日目にペーパーテストと行動観察が行われ、2 日目に志願者面接（口頭試問）が実施されました。本年度も昨年同様、運動テストは行われませんでした。また当校は、発育総合調査の合格者が、そのまま入学予定者となるため、第 3 次選考は実施されていません。過去を含めた出題の分析をすると、当校のペーパーテストの特徴として、生活体験に基づいた出題が多く観られます。そのため、単に解答を見つけるための HOW TO を習得する学習は対策としておすすめできません。当校では、入学後の授業でディベートを取り入れた学習があり、そこで求められる「相手の話をしっかりと聞き、理解し、答える（対応する）」ことが入試にも表れています。生活体験の量を積み、体験に基づいた解答を導き出せるように心がけてください。ペーパーテストの出題分野につきましては、例年通り、お話の記憶、常識、推理、数量などが出題されました。それほど難しい問題ではありませんが、受験者数と合格者数の関係から倍率が高いと言わざるを得ず、それに合わせて合格のボーダーラインも高水準となっています。入試に対するポイントを下記に記載しましたので、学習の対策にいかしていただきたいと思います。ケアレスミスのないよう落ち着いて問題に取り組んでください。

●ペーパーテストの常識問題と行動観察の両方で、お子さまの社会性や協調性が問われています。お子さまには、公共の場でのルールの大切さを学べる体験をさせてください。また、マナーに関する問題が多く扱われているのも当校の入試の特徴の一つです。他人に迷惑をかけないなど、マナーを意識した生活を心がけてください。

●面接では、「答えに対して、その理由を聞く」など、具体的な説明を求める質問がありました。コミュニケーションの取り方（視線、姿勢、声の大きさ、回答するまでの時間など）も注意してください。

●当校の試験では、外国人のお友だちとどう接するかを問う設問が頻出しております。過去の出題を参考に、「他者との関わり」や、「困っている人への対応」などに分けて考えるようにすることをおすすめします。

●解答を間違えた時は、解答の上に二重線を引いて訂正するように指示されますので注意してください。

「東京学芸大学附属大泉小学校」について

〈合格のためのアドバイス〉

今年度の入試は、2022年度と同様、新型コロナウイルス感染拡大防止策として説明会がオンラインで行われ、運動テストも実施されませんでした。第１次選考での抽選は通過者が80％と昨年より絞られ、密を避けるように徹底されていました。第３次選考が行われないのは、都内の国立小学校の中では当校だけとなっています。求められている児童像について、大きな変化はみられませんでした。知識・社会常識・躾など、総合的にバランスの取れている児童を求めていることが試験内容からうかがえます。

試験そのものはやさしく、保護者の方も安心してしまいがちですが、倍率を考えると、合格するにはかなり高い正答率が必要となります。ボーダーラインではなく、その上を目指して取り組んでいくことが大切です。

ペーパーテスト対策は、記憶、常識、数量分野を中心に、基礎をしっかりと定着させることが大切です。基礎レベルの問題を、何題も繰り返して確実に理解させ、正確に答えられるところまで取り組みましょう。また、常識分野の問題と口頭試問の両方で、コミュニケーションやマナーに関する問題が扱われています。これらは、知識として知っているかどうかというよりは、お子さまの生活体験から判断することが大切なポイントです。幼稚園でのできごとや、お友だちとのやりとりなどを、お子さまとの会話で聞き取り、お子さまの考えや行動を保護者の方が理解しておくようにしてください。お子さまが間違っていることをしているようでしたら、その都度指導して教えてあげるようにしましょう。なお、頻出のテーマは「外国人のお友だちとのコミュニケーション」「交通ルール」「食事・生活のマナー」などです。

〈2023年度選考〉

＜１日目＞

●ペーパーテスト
お話の記憶、常識、推理、数量など

●行動観察
模倣体操、じゃんけんゲーム、

＜２日目＞

●口頭試問

●面接（志願者のみ３名ずつ）

◇過去の応募状況

2023年度	男子770名	女子733名
2022年度	男子641名	女子635名
2021年度	男子681名	女子715名

〈本書掲載分以外の過去問題〉

◆巧緻性：紙を貼り合わせて、犬小屋を作る。［2015年度］
◆常　識：お母さんが熱を出した時、どうするかを答える。［2015年度］
◆図　形：折り紙を開いた時の、正しい折れ線を選ぶ。［2015年度］
◆常　識：海でよく見られる生き物を選ぶ。［2014年度］

東京学芸大学附属大泉小学校

過去問題集

〈はじめに〉

現在、少子化が叫ばれているにもかかわらず、私立・国立小学校の入学試験には一定の応募者があります。入試は、ただやみくもに学習するだけでは成果を得ることはできません。志望校の過去における出題傾向を研究・把握した上で、練習を進めていくこと、試験までに志願者の不得意分野を克服していくことが必須条件です。そこで、本問題集は小学校を受験される方々に、志望校の出題傾向をより詳しく知って頂くために、出題頻度の高い問題を結集いたしました。最新のデータを含む精選された過去問題集で実力をお付けください。

また、志望校の選択には弊社発行の**「2024年度版　首都圏・東日本　国立・私立小学校　進学のてびき（４月下旬刊行予定）」**をぜひ参考になさってください。

〈本書ご使用方法〉

◆出題者は出題前に一度問題を通読し、出題内容などを把握した上で、〈 準 備 〉の欄に表記してあるものを用意してから始めてください。
◆お子さまに絵の頁を渡し、出題者が問題文を読む形式で出題してください。問題を読んだ後で、絵の頁を渡す問題もありますのでご注意ください。
◆**「分野」**は、問題の分野を表しています。弊社の問題集の分野に対応していますので、復習の際の目安にお役立てください。
◆一部の描画や工作、常識等の問題については、解答が省略されているものがあります。お子さまの答えが成り立つか、出題者が各自でご判断ください。
◆〈 時 間 〉につきましては、目安とお考えください。
◆本文右端の［〇年度］は、問題の出題年度です。［2023年度］は、「2022年の秋に行われた2023年度入学志望者向けの考査で出題された問題」という意味です。
◆**学習のポイント**は、指導の際にご参考にしてください。
◆**【おすすめ問題集】**は各問題の基礎力養成や実力アップにご使用ください。

〈本書ご使用にあたっての注意点〉

◆文中に**この問題の絵は縦に使用してください。**と記載してある問題の絵は縦にしてお使いください。
◆〈 準 備 〉の欄で、クレヨン・クーピーペンと表記してある場合は12色程度のものを、画用紙と表記してある場合は白い画用紙をご用意ください。
◆文中に**この問題の絵はありません。**と記載してある問題には絵の頁がありませんので、ご注意ください。なお、問題の絵の右上にある番号が連番でなくても、中央下の頁番号が連番の場合は落丁ではありません。
下記一覧表の●が付いている問題は絵がありません。

問題１	問題２	問題３	問題４	問題５	問題６	問題７	問題８	問題９	問題10
			●						●
問題11	問題12	問題13	問題14	問題15	問題16	問題17	問題18	問題19	問題20
					●	●	●		
問題21	問題22	問題23	問題24	問題25	問題26	問題27	問題28	問題29	問題30
	●		●				●		●
問題31	問題32	問題33	問題34	問題35	問題36	問題37	問題38	問題39	問題40
					●				

(得) 先輩ママたちの声！

◆実際に受験をされた方からのアドバイスです。
ぜひ参考にしてください。

東京学芸大学附属大泉小学校

・待っている間、6年生が劇を見せてくれました。子どもはとても喜んでいました。教室への案内も6年生がしてくれました。

・新型コロナウイルス感染拡大防止のため、2021年度から実施内容に変化があったようで、対策が立てづらかったです。

・体育館での待ち時間などに、椅子（子どもにとっては大きい）をガタガタさせたり、足をブラブラさせたりして、前のお子さまとトラブルになっているのを見かけました。30分ぐらいの時間をしっかり待てるよう日頃から注意しておくことが必要だと思います。

・体育館、教室ともに換気をしていて寒かったので、服装の調整が難しかったです。

・受験票ののりがはがれてしまいました。念のため、のりを持参していてよかったです。

・元気いっぱいのお子さまが多かったです。雰囲気に圧倒されず、また周囲に振り回されないよう伝えておくことが必要です。

・待機時間もチェックされているように感じました。

・ペーパーテストはやさしいので、あまり差がつかないと思います。姿勢をピンと保つよう、日頃から習慣づけておくと、教室でも目立つと思います。行動観察では、自発的に動けることが大事だと思います。

・今年、最初に待つ場所は校庭でした。校庭は土なので、雨のときは履物に気をつけたほうがいいかもしれません。また、子どもの上履きや上着は親が持つので、大きなエコバッグが必要です。1日目は試験終了まで校外で、2日目は控室で待機します。

・マスクをしたまま試験を行うので、予備のマスクも持っておいたほうがいいと思いました。

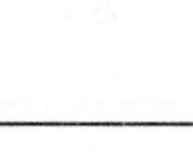

◎学習効果を上げるため、前掲の「家庭学習ガイド」及び「合格のためのアドバイス」をお読みになり、各校が実施する入試の出題傾向を、よく把握した上で問題に取り組んでください。
※冒頭の「本書のご使用方法」「ご使用にあたっての注意点」も併せてご覧ください。

2023年度の最新入試問題

問題1　分野：記憶（お話の記憶）

〈準備〉　鉛筆

〈問題〉　お話を聞いて後の質問に答えてください。

今日はライオン君の家にお友だちがやってきます。そこで、ライオン君はみんなのためにご飯を作ってあげることにしました。ライオン君の家の冷蔵庫には、お肉があります。けれど、お肉だけでは料理を作ることができません。ライオン君が困っていると、お友だちのクマ君、ハリネズミ君、キツネ君がやってきました。キツネ君はニンジン、クマ君はジャガイモを持ってきてくれました。ハリネズミ君は玉ねぎを持ってきました。みんなが材料をもってきてくれたおかげで、料理を作ることができます。「みんなありがとう。おいしい料理を作るから、ちょっと待っててね」ライオン君は張り切ってキッチンへ向かいます。するとキツネ君が「みんなで作った方が、きっとおいしいよ」と言ったので、ライオン君はみんなと料理を作ることにしました。「何を作ろううかなー」ライオン君がそう言うと、少し考えてクマ君が「カレーがいいな」と言いました。つづいてハリネズミくんが「野菜スープがいいよ」といいました。カレーも野菜スープも大好きなライオン君は、なかなか決めることができません。ライオン君が悩んでいると、キツネ君が「どっちも作っちゃおうよ」といいました。「そうしよう、そうしよう」クマ君とハリネズミ君もやる気満々です。みんなで話し合って、最初にカレー、次に野菜スープを作ることにしました。みんなと作る料理はとても楽しく、できあがったカレーと野菜スープは、今までにないくらいおいしくできました。みんなでお皿を洗っていると、ライオン君が「みんな今日はありがとう。おかげでおいしい料理がつくれたよ」と言いました。するとクマ君が「今度はシチューが食べたいな」といいます。つづいてハリネズミ君が「サラダもいいよね」と言いました。「どっちも作っちゃおうよ」みんなの声がそろいます。「明日のごはんはシチューとサラダで決まりだね」ライオン君はうれしそうにそう言いました。

（問題１の絵を渡す）
①ライオン君が困っていたのはどうしてですか。○を付けてください。
②クマ君、キツネ君、ハリネズミ君が持ってきたものは何でしょうか。線で結んでください。
③1番初めにできた料理は何でしょうか。○を付けてください。次にできた料理は何でしょうか。△を付けてください。

〈時間〉　各15秒

〈解 答〉 下図参照

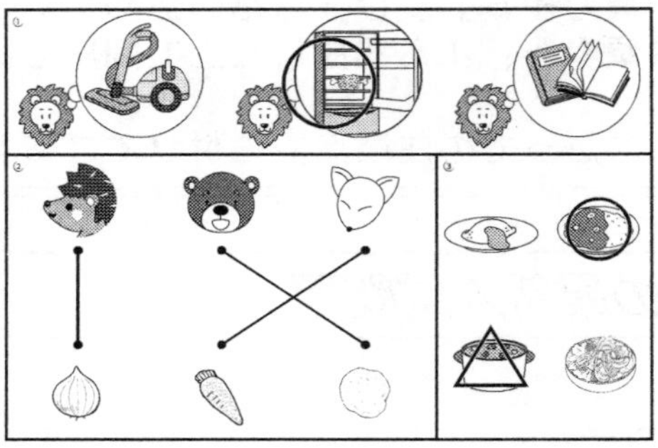

学習のポイント

お話の記憶の問題としては基本レベルの問題となりますが、このような生活体験をベースとしたお話の場合、お子さまの体験量の多少が記憶にも大きく影響してきます。入学試験では、初めて聞く内容のお話を一度だけ聞いて問題に答えなければなりません。ですから、馴染みのある内容の場合、自分の経験になぞらえて記憶することができます。自分の体験になぞらえて記憶をすると、定着率が高く、その後の問題にもしっかりと対応できます。このようなことを踏まえて、保護者の方は、お子さまが多種多様の生活体験を積むことができる生活環境を作るようにしましょう。また、記憶力を高める方法として、お手伝いなどの指示を出す場合、一つひとつ出すのではなく、まとめて出すようにすることをおすすめいたします。

【おすすめ問題集】

1話5分の読み聞かせお話集①②、 お話の記憶 初級編・中級編、
Ｊｒ・ウォッチャー19「お話の記憶」

問題２　分野：記憶（お話の記憶）

〈準 備〉　鉛筆

〈問 題〉　お話を聞いて後の質問に答えてください。

今日はキツネさんのお母さんの誕生日です。キツネさんが何をプレゼントしようか考えていた時、公園の花壇にチューリップが咲いているのを見つけました。キツネさんは中に入って黄色のチューリップを５本取りました。それを見ていたクマさんは「花壇に入ってはだめだよ。外側で見るのならいいけど」と言いました。リスさんは「はさみで切るのならいいんだよ」と言いました。ウサギさんも「取ってもいいんだよ」と言いました。

（問題２の絵を渡す）
①正しい考えを言ったのは誰でしょうか。○を付けてください。
②チューリップの色は何色でしたか。同じ色の物に○を付けてください。
③取ったチューリップは何本でしたか。一番下の□にその数だけ○を書いてください。

〈時 間〉　１分30秒

〈解 答〉　下図参照

学習のポイント

この問題は、当校の特徴的な出題の一つと言えるでしょう。当校は問題で、様々なシチュエーションを提示し、このようなときどうするか。お子さまの判断を問う問題が頻出されます。また、過去の取材からも、このような内容の問題を重視している傾向が見られます。志望されるご家庭の保護者の方は、日常生活における善悪の判断基準をお子さまにしっかりと定着させることが必要です。公共交通機関内での態度、困った人への対応、このような内容が過去にも見られました。こういった問題の場合、お手本となる保護者の方が、お子さまの前でどのような対応を示しているかが、問題に込められたメッセージとなっています。問題を通して、学校が発信するメッセージをしっかりと受取り、対応するように心がけてください。

【おすすめ問題集】
１話５分の読み聞かせお話集①②、　お話の記憶 初級編・中級編、
Ｊｒ・ウォッチャー19「お話の記憶」、56「マナーとルール」

問題3　分野：数量（一対多の対応）

〈準 備〉　クーピーペン

〈問 題〉　①３人のお友達に、飴を２個ずつ配ります。全部で飴はいくつあればよいでしょうか。その数だけ右に○を書いてください。
②フクロウのヒナ4羽にお母さんフクロウが餌の虫を取ってきます。1回に1匹運んできます。1羽のヒナに2匹ずつ餌をやるには、お母さんヒナは何回運んで来ればよいでしょうか。その数だけ絵の右側に○を書いてください。
③ここにクッキーが9個あります。お友達が3人います。同じ数ずつ分けると1人いくつもらえますか。右側にその数だけ絵の右側に○を書いてください。

〈時 間〉　30秒

〈解 答〉　下図参照

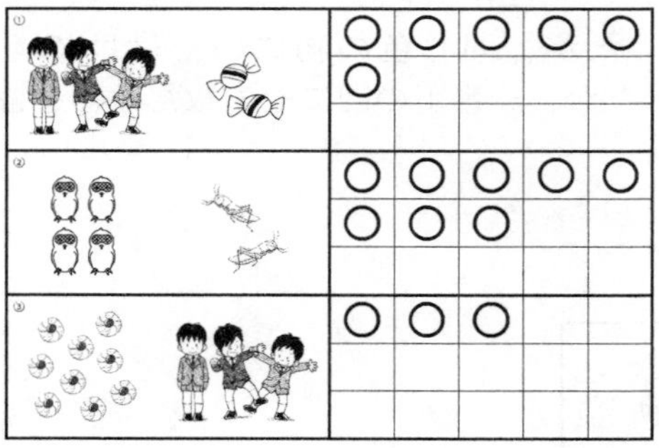

学習のポイント

数量の問題の対策として、正解を導くためのハウツーを求める方がいますが、当校の対策の場合、それだけでは不十分です。出題のベースに生活体験が存在するため、解答を導き出すプロセスについても求められています。この問題の場合、様々な状況下での「分配」が行われています。これを単にグルーピングして、印をつけながら解答を求めていく方法がハウツーとするなら、当校が求めているのは、培った経験から、分配を紙上で実施し、その上で解答することです。家庭で分配を体験するなら、食事を大皿で出すことをおすすめします。大皿料理の場合、取り分け、我慢、見た目、相手の配慮など、分配以外のことが多く学べます。また、こうした生活体験を多く積むことを当校は求めています。

【おすすめ問題集】
Ｊｒ・ウォッチャー38「たし算・ひき算1」、39「たし算・ひき算2」

問題4　分野：指示行動

〈準 備〉　なし

〈問 題〉　この問題の絵はありません。

今から言われたことを「やめてください」というまでやってください。
①片足でバランスを取って、立っていてください。
②両手で「グーパー、グーパー」をやります。
③右手で左の耳をつかんでください。
④目をつぶったままで体操座りをしていてください。
⑤目をつぶったままで立っていてください。

〈時 間〉　1分

学習のポイント

指示行動はシンプルですが、シンプル故の難しさがあります。この問題の最初に、「止め」の指示があるまで続けると指示が出されています。このような問題では、終わりの分からない状況下での体力、集中力の持続が課題となります。特に集中力の持続はお子さまにとって、難点と言えるでしょう。こういった力は一朝一夕には身に付かず、日頃の積み重ねの成果となります。この問題で気をつけていただきたい点は「動」に関する内容ではなく、「静」に関する内容です。何もせずにじっとしている状態を継続するのは難易度の高い部類に入ります。当校に限らず、運動の問題の場合、実施している時の採点よりも、待っているときの採点で差がつくと言われています。それほどに「静」に関する内容はお子さまにとって、難しい内容となります。こうしたことを踏まえ、じっと待つことの対策も取り入れましょう。

【おすすめ問題集】
Ｊｒ・ウォッチャー29「行動観察」

問題5　分野：行動観察

〈準 備〉　鉛筆

〈問 題〉　この問題は絵を参考にして下さい。

・5人ずつ1列に向かい合って並びます。
・向かい合った人同士でじゃんけんをします。
・勝った人はそのまま次の人とじゃんけんをします。負けた人は体操座りをして待っていてください。
・5人1組になり、自分のチームの箱の前に並びボール入れをします。
・代表者がじゃんけんで勝つとボールがもらえます。
・もらったボールを1回弾ませてチームの箱に入れます。
・代表者を変えながら順に行います。

〈時 間〉　10分

学習のポイント

説明を聞き、覚えて実施する。これだけのことですが、実際に行うのは難しいと思います。ルールの遵守、待つ態度、意欲、集中力、技術など、様々な要素が含まれますが、お子さまの年齢を考慮すると「待つ態度」と「意欲」の切り替えは難しいでしょう。この切り替えが上手にできるかどうかがポイントになります。ボールの扱いは慣れが大きく影響します。問題では、1回弾ませてという指示が出ています。このような技術を伴うことの修得は練習の回数を重ね、コツを掴むことです。また、入試では技術的な結果だけが評価対象ではありません。ですから、結果だけに固持せず、意欲的に取り組むことも心がけてください。自分や、他のお友達が失敗したときにどのような対応をするかも大切です。こうしたことは、日常生活を通して身につけるように心がけましょう。

【おすすめ問題集】

Ｊｒ・ウォッチャー29「行動観察」、56「マナーとルール」

家庭学習のコツ①　「先輩ママのアドバイス」を読みましょう！

本書冒頭の「先輩ママのアドバイス」には、実際に試験を経験された方の貴重なお話が掲載されています。対策学習への取り組み方だけでなく、試験場の雰囲気や会場での過ごし方、お子さまの健康管理、家庭学習の方法など、さまざまなことがらについてのアドバイスもあります。先輩ママの体験談、アドバイスに学び、ステップアップを図りましょう！

問題6　分野：記憶（お話の記憶）

〈準 備〉　クーピーペン（赤）

〈問 題〉　お話を聞いて後の質問に答えてください。

桜の花が満開に咲いているお休みの日。今日はクマさん、キツネさん、ウサギさんとピクニックに行きます。リスさんのお母さんはリスさんがピクニックで持っていくお弁当を作っています。公園に集まって出かけることにしていますので、リスさんはお母さんに作ってもらったおにぎりと水筒をもって公園へ行きました。公園に着くと、すでにクマさんが大きな弁当をもって待っていました。まもなくウサギさんは野菜がたくさん入ったサンドイッチと水筒をもってやってきました。ウサギさんのすぐ後にキツネさんがお稲荷とかんぴょう巻きと水筒をもってやってきました。目的地の山に着くと、リスさんはカーネーションの描いてあるシート、キツネさんはキクの花の絵、ウサギさんはユリの花の絵、クマさんは椿の花が描いてあるシートをそれぞれ敷き、ご飯を食べました。ご飯を食べたあとにツクシを取ったり、四葉のクローバーを探したりして楽しく過ごしました。

（問題６の絵を渡す）

①それぞれ持ってきたお昼の食べものを線で結んでください。

②それぞれ持ってきたシートに描いてある花と同じ季節の物と線で結んでください。

③1番早く来たのは誰でしょう。下に○を書いてください。2番目に来たお友達に△、3番目に来たお友達に□、最後に来たお友達には●をそれぞれの下に書いてください。

④水筒を持ってこなかったお友達に△を付けてください。

〈時 間〉　各30秒

〈解 答〉　下図参照

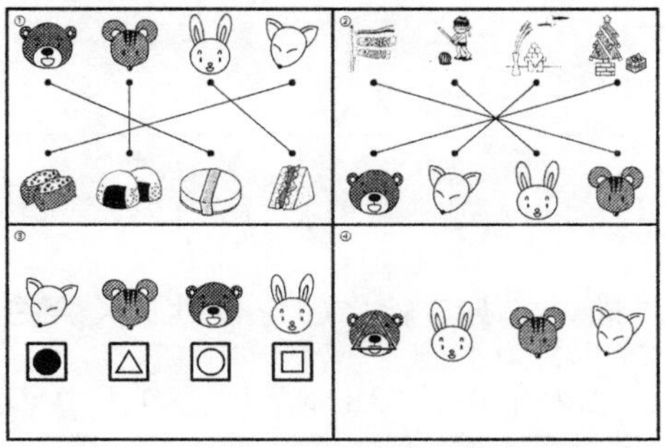

学習のポイント

お話自体は長くありませんが、登場人物と持ち物がたくさん出てきます。きちんと整理をして記憶出来ているかがポイントになります。このような内容の場合、しっかりと記憶出来ていないと全問不正解ということも珍しくはありません。当校が行っている授業を観ると、「聞く力」を必要とする授業を実施しており、入試においてもこの点を重視していることがうかがえます。こうした問題の対応策としては、何よりも読み聞かせです。お話の記憶の得点は、読み聞かせの量に比例するとも言われています。読み聞かせの量を増やすことを心がけてください。その他のチェックポイントは、解答記号をしっかり書いているか、点と点をしっかりと結べているか。線はしっかりと書けているかなどがあります。こうした点もしっかりとチェックしましょう。

【おすすめ問題集】

1話５分の読み聞かせお話集①②、　お話の記憶 初級編・中級編、

Ｊｒ・ウォッチャー19「お話の記憶」

問題7　分野：同図形

〈準備〉　クーピーペン（赤）

〈問題〉　左の模様と同じものを探して○を付けてください。

〈時間〉　30秒

〈解答〉　①真ん中　②左端

学習のポイント

この問題を解くには、集中力、観察力、目の配り方などが求められますが、これも日常生活で養うことができます。例えばトイレ掃除をお子さまにさせるとき、集中して掃除をしなければ綺麗になりません。汚れが落ちていないのはどこかを観察しなければなりません。そして、目の配り方は、トイレ床の隅、便器の裏側など、普段目の届かない場所を観なければなりません。こうした行為は、問題に集中して、細部にわたり観察する目を同時に養うことができます。問題を解く時、「トイレ掃除をしたときを思い出してみて。床の隅々までちゃんと見たでしょう。同じように問題の絵の隅々まで観察してみてごらん。」などと声かけをし、お子さまが問題に集中するためのインスピレーションにするとよいでしょう。学習では、解き方を教えるのではなく、解き方を見つけられる環境を作ってあげてください。

【おすすめ問題集】

Ｊｒ・ウォッチャー９「合成」、54「図形の構成」

問題8　分野：言語

〈準備〉　クーピーペン（赤）

〈問題〉　①今から言う名前と逆の順番に描いてある絵に○を付けてください。
「バナナ、リンゴ、メロン、リンゴ」
②真ん中の絵を見てください。この中の絵で3つだけしりとりのできるものがあります。その3つの絵に○を付けてください。
③この絵で「かぶる」という言葉を使うものはどれでしょう。選んで○を付けてください。

〈時間〉　1分

〈解答〉　下図参照

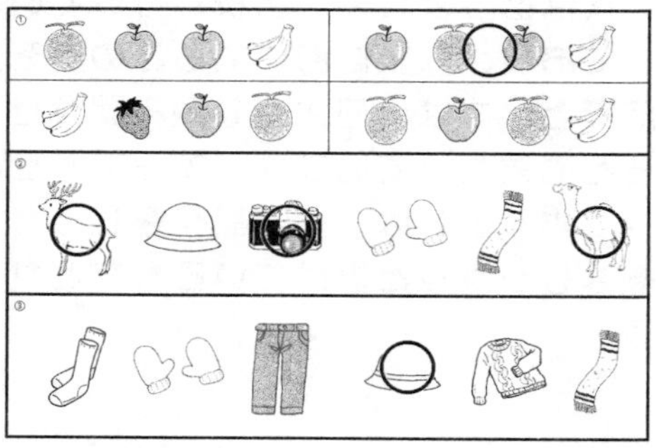

学習のポイント

ハウツーでは解くことができない問題であり、話をしっかりと聞いていないと解けない問題です。お子さまの総合力を観る問題としては良問といえます。こうした問題にしっかりと対応できることで、当校の合格に近づくといっても過言ではありません。しっかりと考え、自分の力で判断して解答を導き出す必要があります。そのためには日常生活においても、自ら考え、判断し、決定することを取り入れ、繰り返していくことが必要です。近年、コロナ禍の影響で保護者の方の過干渉が増えています。それによって、自ら考え、判断することが出来ないお子さまが増えています。言葉遊びとして、普段の生活の中にも取り入れてみるとよいでしょう。

【おすすめ問題集】

Ｊｒ・ウォッチャー18「いろいろな言葉」

問題９　分野：常識（理科）

〈準備〉　クーピーペン

〈問題〉　同じコップが描いてあります。このコップには水が入っており、量はバラバラです。このとき、それぞれのコップに同じ量の青色の水を１滴いれたとき、どのコップが1番薄い色になるでしょう。○を付けてください。

〈時間〉　10秒

〈解答〉　下図参照

学習のポイント

このような問題では、答え合わせをお子さま自身にさせることをおすすめします。まずは問題を解かせ、次にどうしてその答えになったのか、他はどうなるのかなどを質問し、論理的に合っているかを確認します。次に実際に具体物を用意し、同じような実験を行います。その結果が、自分の答えと合っているかを確認させます。このような方法は図形問題においても取り入れることができます。自分で確認することで、同時に論理的思考力を鍛えることができ、力もついてきます。その後、類題をこなすことで、今得た知識の確認ができ、定着に近づけることができます。受験勉強では、解答効率に固執しがちになりますが、時間がかかる方法を取り入れた方が効果的な場合もあります。着実に力をつけましょう。

【おすすめ問題集】

Ｊｒ・ウォッチャー２７「理科」

問題10　分野：口頭試問

〈準備〉　なし

〈問題〉　この問題の絵はありません。

・お母さんに褒められるのはどんな時ですか。
・手を洗う時に、小さな子供が「いいから、はやく行こう」と言ったらどうしますか。
・小さな子が砂場で作ったお城が壊れたといってきたらどうしますか。
・子供と先生が遊んでいる絵を見て質問されている。

〈時間〉　適宜

学習のポイント

日常生活におけるシチュエーションを想定し、回答を求められます。こういった問題では、回答ばかりを意識してはいけません。当校の面接は３人一組で実施されます。他のお友達が質問されているとき、待っている姿勢も重要です。また、3人が同じ質問をされるかは不明です。予測をして待つことの危うさも理解しておく必要があります。こうした常識的な内容の場合、考えるのではなく即答できるようにしましょう。他の問題のアドバイスにも書いてありますが、こうした対策は日常生活の中にあり、知識として指導しても身に付きません。こういった問題の配点は保護者の方の躾力、価値観に基づきます。ですから、このような問題はお子さまを通して保護者を観ているといっても過言ではありません。当校を希望される方は、こうした問題から学校側の考えを読み取るとよいでしょう。

【おすすめ問題集】

面接テスト問題集、新口頭試問・個別テスト問題集

問題11　分野：お話の記憶

〈準 備〉　鉛筆

〈問 題〉　お話を聞いて後の質問に答えてください。

サルくんはおイモが大好きです。そこで、サルくん、ウサギさん、タヌキくんで、サルくんのおじさんの畑に、いっしょにおイモ掘りに行く約束をしました。サルくんは前の日から楽しみで、お母さんといっしょに、てるてる坊主を作って窓のところに下げました。そのおかげで、おイモ掘りに行く日は、とてもよい天気になりました。公園の前で待ち合わせをして、みんなはバスに乗っていきました。サルくんとウサギさんは、「たくさんおイモを食べたいね」とうれしくてわくわくした気持ちでしたが、タヌキくんは、静かに外を見ています。ウサギさんが「どうしたの」と聞くと、タヌキくんは、「きのうは雨だったでしょ。畑のおイモ、大丈夫かな」と心配そうな顔で答えました。おイモ畑に着くと、サルくんのおじさんがニコニコ笑いながら待っていてくれました。おじさんの後ろには、畑一面にサツマイモの葉がいっぱい広がっていました。「わあ、おイモだ」とサルくんはうれしそうな顔をしながら、早くおイモ掘りをしたくて、うずうずしています。おじさんの「おイモ掘り、はじめ～！」の合図で、畑に向かって走りました。畑を掘っていると、大きいのや小さいの、丸い形や細長い形、いろいろな形のおイモがたくさんあります。みんなでがんばって、たくさん採りました。お昼になって、サルくんのおじさんが、採ったサツマイモで、いろいろな料理を作ってくれました。焼いたり、天ぷらにしたり、とてもおいしそうです。でもサルくんは、料理ができるのが待てなくて、土や根がついたまま食べてしまいました。サルくんは、ウサギさんとタヌキくんとおじさんに笑われてしまいました。ウサギさん、タヌキくんはおいしいおイモをゆっくりたくさん食べました。食べ終わったら、もう帰る時間です。サルくんたちは、おじさんにお礼を言って、お土産に自分で掘ったサツマイモを持って元気にバスに乗りました。とても楽しい１日でした。

（問題１の絵を渡す）
①このお話に出てきていない動物はどれですか。選んで○をつけてください。
②おイモ掘りの日は、どんな天気でしたか。選んで○をつけてください。
③おイモ掘りに行くバスの中で、タヌキさんはどんな気持ちでしたか。選んで○をつけてください。
④サルくんが食べたおイモはどれですか。選んで○をつけてください。

〈時 間〉　各15秒

〈解 答〉　①左から２番目（イヌ）　②左端（晴れ）　③右から２番目（心配している）
④右端（根や土がついたまま）

［2022年度出題］

学習のポイント

当校の「お話の記憶」は、登場人物も少なく、場面転換も少ないので、記憶しやすい内容となっています。お話の長さは900字弱と、小学校受験では一般的な長さでしょう。設問では登場人物の気持ちや、季節などのお話の背景を問うものが頻出となっています。確実に解答をするためには、お話を聞くときに、１つひとつの事実にこだわるのではなく、流れに沿って、情景を頭の中で描きながら聞くと、お話全体が記憶に残りやすくなります。読み聞かせをおすすめしますが、ただ読むだけではなく、慣れてきたら、時にはお話を途中で止めて、そこまでのお話をまとめ、「整理しながらお話を聞くこと」を取り入れてもよいでしょう。「お話の記憶」には、たくさんの要素が含まれており、すべての学習の基本とも言えます。ご家庭でもお話を読み聞かせた後に、そのお話についてお子さまといっしょに話し合ってみると、お話の理解度が増すでしょう。１つのお話からさまざまな要素を引き出す工夫をしてください。

【おすすめ問題集】

１話５分の読み聞かせお話集①②、　お話の記憶 初級編・中級編・上級編

Ｊｒ・ウォッチャー19「お話の記憶」

問題12　分野：図形（展開）

〈準 備〉　鉛筆

〈問 題〉　左の四角の折り紙を広げると、どんな線がついていますか。右から選んで○をつけてください。

〈時 間〉　１分30秒

〈解 答〉　下図参照

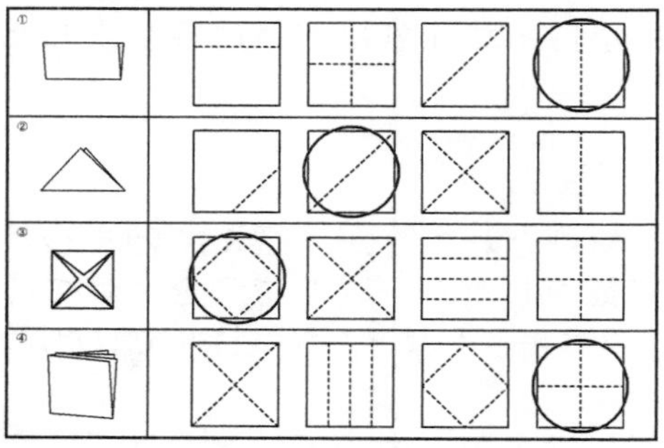

［2022年度出題］

家庭学習のコツ②　**「家庭学習ガイド」はママの味方！**

問題演習を始める前に、試験の概要をまとめた「家庭学習ガイド（本書カラーページに掲載）」を読みましょう。「家庭学習ガイド」には、応募者数や試験課目の詳細のほか、学習を進める上で重要な情報が掲載されています。それらの情報で入試の傾向をつかみ、学習の方針を立ててから、対策学習を始めてください。

学習のポイント

展開の問題には、本問のように折り跡を考えるもののほか、切り取った後の形や切り方を考えるものなど、さまざまな形式の問題があります。こういった問題にはじめて取り組むなら、実際に折り紙を用意し、お子さまとともに手を動かしながら練習してください。説明するよりも実際に作業した方が理解が得られます。そして、何回も行うことで頭の中で考えて解答を見つけられるようになります。実際の試験では、先生が前で折り紙を持って見せてくれたようです。そのため、紙面での練習に慣れたお子さまにとっては、難しくないでしょう。図形問題は当校入試では頻出していますので、遊びの一環として楽しみながら練習していくようにしましょう。

【おすすめ問題集】

Ｊｒ・ウォッチャー５「回転・展開」

問題13　分野：数量（一対多の対応）

〈準　備〉　鉛筆

〈問　題〉　子どもが４人います。全員、くつがちょうど履けるのは、どれですか。選んで○をつけてください。

〈時　間〉　30秒

〈解　答〉　右下

［2022年度出題］

学習のポイント

数量の問題です。当校の数量の問題は、日常生活においてお子さまがよく触れる数までしか出題されない特徴があります。この問題では、靴の絵はバラバラになっていますが、４人分の靴の数が質問されています。靴が左右揃って一足ということは、お子さまも日常生活から理解しているはずです。そのため、入学試験で解答する際は、筆記用具でペアリングの印や、補助線などを引くことはせずに解答できるようにしてください。当校の入試は「年齢相応の常識があり、それをもとに行動することができるか」ということをもとに作られていますので、それぞれの分野の勉強ももちろん大切ですが、保護者の方は、お子さまに基本的な常識を身に付けることを意識してください。

【おすすめ問題集】

Ｊｒ・ウォッチャー37「選んで数える」、42「一対多の対応」

問題14　分野：言語

〈準備〉　鉛筆

〈問題〉　今から先生が言う言葉の絵を、言った順番に線でつないでください。
「家、時計、かさ、カタツムリ、ノート、つくえ、消しゴム」

〈時間〉　適宜

〈解答〉　下図参照

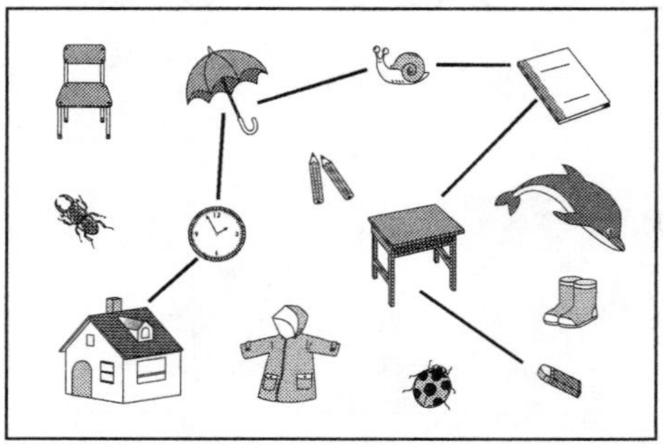

［2022年度出題］

学習のポイント

言語の問題です。イラストにはさまざまな種類のものや生き物が描かれていますが、しりとりや推理ではありません。年相応の語彙量は必要ですが、先生が言う言葉を聞きながら単純に線でつなげるだけですので、難しい問題ではありません。ここで気を付けなければならないのは、単純な見落としや勘違いによるミスでしょう。こういった問題は落ち着いて、1つひとつをていねいにつなげていき、確実に正解を狙いたいところです。語彙を増やすときは、単純に言葉の意味を覚えるのではなく、「どう使うのか」まで踏み込んだ対策学習も必要です。また、当校は筆記用具で鉛筆を使用します。持ち方もさることながら、充分な筆圧があるかも注意してください。

【おすすめ問題集】
Ｊｒ・ウォッチャー18「いろいろな言葉」

問題15　分野：常識（マナー）

〈準備〉　鉛筆

〈問題〉　①（問題15－１の絵を見せて）
外国人の子が１人で遊んでいます。あなたならどうしますか。選んで○をつけてください。

②（問題15－２の絵を見せて）
お友だちのお家で嫌いな食べ物が出ました。あなたならどうしますか。選んで○をつけてください。

〈時間〉　各30秒

〈解答〉　省略

［2022年度出題］

学習のポイント

当校の入試には、毎年このようなマナーや社会常識についての出題があります。中でも問題15-1のような、外国人との接し方に関する問題はここ数年頻出で、国際教育を行う系列校を持つ当校の求めている児童像が顕著に表れています。言葉が通じなくてもコミュニケーションをしようと試みる積極性を養うことが必要ですので、できる限りそのような機会を作ってあげましょう。また、この問題では「外国人」としていますが、通常のマナーとまったく違いはありません。ふだんから相手を思いやるように指導しておけば、自然に接することができるでしょう。15-2はお友だちのお家での食事のマナーです。本問では「我慢して食べる」（左下）を正解としていますが、「嫌い」ではなく「アレルギー」だった場合は、「食べない」が正解です。先生の説明をよく聞いて答えるようにしましょう。当校では、食物アレルギーのお子さまに対して、事前に書類を提出するように求めています。常識（マナー）の問題では、保護者の家庭教育の姿勢が観られています。保護者の方は日ごろからお子さまのお手本になるような行動を心がけてください。

【おすすめ問題集】

Ｊｒ・ウォッチャー56「マナーとルール」

問題16　分野：行動観察（グループ活動）

〈準備〉　紙皿30枚（表を白、裏を茶色に塗る）、鬼の絵を描いた紙皿１枚

〈問題〉　**この問題の絵はありません。**

①※この問題は10人ずつのチーム（白チーム、茶色チーム）で行います。
チームのみんなで協力して、紙皿を自分のチームの色に変えてください。
ゲームは２回します。

②※この問題は７－１のチームで行います。
今から鬼ごっこをします。まずじゃんけんで鬼を決めましょう。鬼の人は、鬼の絵が描いてある紙皿をおでこにつけて動きます。それ以外の人は、両手を前に出して動いてください。鬼にタッチされたら、鬼から紙皿をもらって、自分のおでこにつけてください。そして、その場所で、目をつぶって２回まわってください。２回まわったら次は鬼になって、鬼ごっこを続けましょう。鬼ごっこの間、走ってはいけません。

〈時間〉　各３分

［2022年度出題］

家庭学習のコツ③　効果的な学習方法～問題集を通読する

過去問題集を始めるにあたり、いきなり問題に取り組んではいませんか？　それでは本書を有効活用しているとは言えません。まず、保護者の方が、すべてを一通り読み、当校の傾向、ポイント、問題のアドバイスを頭に入れてください。そうすることにより、保護者の方の指導力がアップします。また、日常生活のさまざまなことから、保護者の方自身が「作問」することができるようになっていきます。

学習のポイント

昨今の情勢を配慮し、2021年度はグループでの行動観察は行われませんでしたが、2022年度は例年通りの出題となりました。グループ別に２つのゲームが行われましたが、ここではゲームの勝ち負けは評価には関係なく、はじめて会うお友だちと協力しながらゲームに取り組めるかということがポイントになります。積極的に取り組み、リーダーシップを発揮する子、控えめではあるが、グループの和を乱さず、てきぱきと動ける子、マイペースに行う子など、さまざまなお子さまがいます。お子さまがどのような性格かを保護者の方は理解し、協調性を大切にした行動ができるように、日頃の遊びの中から学ばせてください。昨今のコロナ禍によって、なかなか外で遊べないとは思いますが、気分転換も含めて、お友だちとの遊びの時間も大切にしてあげましょう。また、一見楽しいだけの課題のように見えて、指示がかなり複雑です。よく理解してから行動するようにしてください。

【おすすめ問題集】

Ｊｒ・ウォッチャー29「行動観察」

問題17　分野：行動観察（指示行動）

〈準備〉　なし

〈問題〉　この問題の絵はありません。

①『チコちゃんに叱られる！』の歌に合わせて、先生のまねをして踊ってください。

②今から先生とじゃんけんをします。先生が出した後に、みなさんは先生に勝つように出してください。

〈時間〉　適宜

［2022年度出題］

学習のポイント

模倣体操は、上手に踊れるかどうかではなく、子どもらしく元気に体を動かすことができれば十分です。前度は人気テレビ番組のキャラクターの曲が採用されました。人気キャラクターの曲を使うところに、受験者の緊張をほぐし、受験を楽しんでもらおうとする当校の工夫が感じられる問題です。また、例年、体育館に入るときに雑巾で靴底を拭って入ります。しかし、このことに関しての具体的な指示はありません。当校受験の基本的なマナーとして身に付けておきましょう。後出しじゃんけんは、先生の指示をしっかり聞いて行えば難しい課題ではありません。落ち着いて、最後まで先生の言葉を聞いてから取り組みましょう。発展的な内容としては、後出しじゃんけんで「引き分ける」「負ける」という指示もあります。いろいろと織り交ぜて、楽しみながらで行ってください。

【おすすめ問題集】

Ｊｒ・ウォッチャー28「運動」、29「行動観察」

問題18　分野：面接（志願者面接）

〈準備〉　なし

〈問題〉　この問題の絵はありません。

①面接

・今日はどうやってこの学校に来ましたか。
・得意／苦手なことはありますか。それはなんですか。
・きのうの夜／今日の朝は何を食べましたか。
・好きな遊び／昔話はなんですか。それはどうしてですか。
・お父さんやお母さんにほめられたことがありますか。何をしてほめられましたか。

②口頭試問

・（問題14の絵のどれかを指して）
なんの絵ですか。「です」をつけないで言ってください。
・あなたはウサギさんです。ウサギさんとネコさんがトランプをしています。ネコさんがウサギさんのトランプを破ってしまいました。ネコさんが帰った後、ウサギさんは自分のお母さんになんと言いますか。それを聞いて、あなたのお母さんはなんと言うと思いますか。

〈時間〉　適宜

［2022年度出題］

学習のポイント

当校の面接は、例年３名１組のグループで行われています。面接官は１名です。2022年度から、回答するときには面接官と１対１になり、ほかの２名はうしろの壁に貼ってある絵を見て、間違い探しをしながら順番を待つよう変更されました。これまでは３名同時に行われ、先に答えたお子さまに影響されてしまうという独特の難しさもあったのですが、本年度はその点が変更されたようです。面接で聞かれた内容は、ごく一般的なものがほとんどでした。そのため、答える内容だけではなく、コミュニケーション能力やあいさつ、受け答えをするときの態度も評価の対象となります。先生の質問をよく聞いてちゃんと答えられるよう、お子さまと対面形式で練習をしておきましょう。口頭試問では、「もちつき」や「きつつき」など、普段の生活ではあまり見慣れないものの絵が提示されるため、ある程度の常識や、言葉を正確に相手に伝えられることが必要です。最後に、「あなたのお母さんはなんて言うと思いますか」と質問されています。お子さまは多くの場合、身近な保護者の方の対応を思い浮かべて回答します。当校としては、問題を通して保護者がどのような方なのかも観ています。

【おすすめ問題集】

面接テスト問題集、新口頭試問・個別テスト問題集

問題19　分野：常識（マナー）

〈準　備〉　鉛筆

〈問　題〉　この絵の中で、交通ルールを守っている人を選んで○をつけてください。

〈時　間〉　30秒

〈解　答〉　右から２番目（手を挙げて渡っている）

［2021年度出題］

学習のポイント

交通ルールについての問題です。当校の入試には、毎年このようなマナーや社会常識についての出題があります。特に交通ルールや公共交通機関でどのようにふるまうべきなのかは入学前に知っておいてほしい、ということで出題されるのでしょう。ここでは、ふだんお子さまにどのように指導しているか、またお子さまの安全をきちんと考えているかどうかを、保護者の方に問われていると考えてください。学校側は、保護者の家庭教育の姿勢を、とても重視していますから、保護者の方ご自身が、お子さまのお手本になるような行動をしているかどうかをチェックしているというわけです。今回は出題されませんでしたが、海外の方とどのように対応するかについても、よく出題されます。これは国際理解教育を重視し、国際学級を設置したり、中等教育学校が併設されたりしている同校の特徴を表している設問です。といっても難しいことを聞いているわけではありません。基本的には、国籍が異なる方とでも隔てなく接することができればよいのです。

【おすすめ問題集】

Ｊｒ・ウォッチャー56「マナーとルール」

問題20　分野：推理（欠所補完）

〈準　備〉　鉛筆

〈問　題〉　上の段の絵の「？」が書いてある四角にあてはまるものを、下の段から選んで○をつけてください。

〈時　間〉　30秒

〈解　答〉　右端

［2021年度出題］

学習のポイント

欠所補完の問題です。一般的なパズルの問題とは異なり、あらかじめ絵の完成図は示されていません。解答する際には、頭の中で完成図を描いてから当てはまる絵を選ぶことになります。ここで必要になるのは、欠けている部分を把握する観察力、それを頭の中で補う想像力、選んだパーツが適切かどうかを検証する推理力の３つです。本問では、完成図から大きく外れた図が出題されているわけではありませんが、設問によっては異なる絵のピースを混じえて出題されることもあります。学習の際には、問題用紙を切り抜いてパズルを作り、実際に当てはめてみてください。その際には、当てはめる前に欠けた部分に何が入るのかを類推したり、ピースの途切れている線の位置を把握したり、といったことをしてみましょう。欠けた部分を描き足してみるのも効果的です。

【おすすめ問題集】

Ｊｒ・ウォッチャー59「欠所補完」

問題21　分野：数量（たし算）

〈準 備〉　鉛筆

〈問 題〉　輪投げをしている人が、最初に輪を何本持っていたのかを考えて、その数だけ下の四角の中に○を書いてください。

〈時 間〉　30秒

〈解 答〉　○：５

［2021年度出題］

学習のポイント

この問題は、描かれている輪に１つずつ印を付けながら数えても十分に解答できますが、小学校受験ではもう少し複雑な問題が出される場合もあります。ここでは、計算そのものではなく、年齢層にふさわしいの数の感覚を持っているかどうかが問われています。数の感覚を身に付けるのに効果的なのは、おはじきなどの具体物を用いた学習です。この問題の場合には、輪の上におはじきを置いておき、それを集めておはじきの数をかぞえます。また、日常生活のお手伝いでも、数の感覚を身に付けることができます。この場合、慣れてきたらあらかじめ２本フォークを置いておき「５本必要だから残りの数をもってきてね」と頼んでみるなど、少し難しい内容と発展させていくこともできます。

【おすすめ問題集】

Ｊｒ・ウォッチャー38「たし算・ひき算1」

問題22　分野：行動観察

〈準 備〉　B4サイズの模造紙６枚（床に置いておく）
マーカー（緑・オレンジ・青・赤・黒・ピンク）の入ったかご

〈問 題〉　この問題の絵はありません。
自由に絵を描いてください。

〈時 間〉　５～10分

［2021年度出題］

学習のポイント

口頭試問の待ち時間に行われました。５人のグループでの待機でしたが、１人で描いてもお友だちと描いてもよかったようです。このような自由課題の問題では、描いた絵が上手かどうかよりも、泣いたり騒いだりせず、おとなしく待っていられることや、言われたことをきちんと守っていることが求められます。このような問題に限らず、来校中のすべての場面において、ほかのお子さまに迷惑をかけたり、協調性に欠ける態度がみられたりすると、減点の対象になることがあります。日常生活で、お子さまにそうした言動が見られたときには、保護者の方がしっかり注意して、繰り返さないよう促してください。また校内では保護者の方ご自身も観られていることを意識してください。

【おすすめ問題集】
Ｊｒ・ウォッチャー24「絵画」

問題23　分野：口頭試問

〈準 備〉　なし

〈問 題〉　①（問題23-１の絵を見せて）
大きなクマと小さなクマ、それにリスがいます。キツネが「みんなで食べてよ」と、ピザを持ってきました。どのように分ければよいでしょう。絵から１つ選んでください。また、どうしてそう思ったのかを答えてください。
②（問題23-２の絵を見せて）
（もちつきまたは扇風機を指さして）これは何ですか？

〈時 間〉　５分程度

〈解 答〉　①真ん中　②省略

［2021年度出題］

家庭学習のコツ④　効果的な学習方法～お子さまの今の実力を知る

１年分の問題を解き終えた後、「家庭学習ガイド」に掲載されているレーダーチャートを参考に、目標への到達度をはかってみましょう。また、あわせてお子さまの得意・不得意の見きわめも行ってください。苦手な分野の対策にあたっては、お子さまに無理をさせず、理解度に合わせて学習するとよいでしょう。

学習のポイント

①は図形についてというより、お子さまの考え方をうかがおうという問題です。大きなクマがたくさん食べるから多く分ける、大きなクマ→小さなクマ→リスの順に大きくする、という考え方でも間違いではないのですが、「不公平では？」と言われると返す言葉がないので、答えを「真ん中の図形」としています。また、選択肢には３等分した絵しかないので、キツネの分は考えなくてよいでしょう。②のもちつきは日常的に行うものではありませんし、冷房にはクーラーだけを使い、扇風機は使っていないご家庭もあるかもしれません。小学校入試では、少し昔の習慣や生活用品が出題されることもありますから、知識だけでもよいので折に触れて教えるようにしてください。

【おすすめ問題集】
新口頭試問・個別テスト問題集

問題24　分野：面接（志願者面接）

〈準 備〉　なし

〈問 題〉　この問題の絵はありません。

・家族の人とケンカをすることがありますか。
・家族の人にギューッと抱きしめられたことはありますか。
・それは、どんな時ですか。
・仲のよいお友だちの名前を教えてください。
・そのお友だちが、あなたが積んだ積み木を倒してしまったらどうしますか。
・電車の中で、目の前にいた人が手袋を落としました。あなたはどうしますか。
・マスクを取ってみてください

〈時 間〉　10分程度

［2021年度出題］

学習のポイント

面接では家族の方との関係、お友だちとの関係についての質問が多かったようです。当校の面接はお子さまだけを対象に行われるので、学校は、お子さまの返答を通じてご家庭の様子や、保護者の方の躾や教育観を知ることとなります。また、お友だちとの関係を問う質問からは、入学後の学校生活を円滑に行うことができるかどうかを判断しようとしていると思われます。面接では、答える内容だけでなく、質問される時や答える時の態度も評価の対象になります。明るくハキハキと答えられると好印象です。当年度はコロナ禍による感染拡大防止のため、各人は検温や消毒、マスクの着用が行われたほか、会場では換気をしたり、人と人との間隔を確保したりと厳重な対策のもとで行われました。ただし、お子さまの表情を観るために、一時的にマスクを取るよう促されることもあったようです。

【おすすめ問題集】
面接テスト問題集

問題25　分野：図形（展開）

〈準備〉　鉛筆

〈問題〉　左の四角を見てください。この折り紙を広げた状態として正しいものを右の四角から選んで○をつけてください。同じように下の段も解いてください。

〈時間〉　30秒

〈解答〉　①左端　②左端

［2020年度出題］

学習のポイント

当校では例年、図形分野の問題が出題されています。この問題は、左の見本の図形を広げたもので正しいものを選ぶ「展開」の問題です。この問題で必要なのは、折り紙を広げた状態をイメージできることです。例えば①の問題ですが、折れ線の真ん中に半円の穴が空いていると、それを広げれば丸い穴となります。つまり、空いている穴があれば、折れ線で対称になるということですが、言葉だけで説明してもなかなか理解できるものではないでしょう。「展開」の問題は大人にとっても簡単なものではありませんから、小学校受験のペーパーテストでは「難問」の１つです。ですから、お子さまが解けなかったとしても落ち込む必要はありません。実際に折り紙を用意して問題同様に折って、穴を開け、展開してみましょう。特に図形の問題にいえることですが、実際にやってみることが１番効果的な対策です。実物を使うことで、何度もペーパー学習を繰り返すことよりも、確実に理解が深まります。

【おすすめ問題集】

Ｊｒ・ウォッチャー５「回転・展開」、８「対称」

問題26　分野：数量（ひき算・選んで数える）

〈準備〉　鉛筆

〈問題〉　おにぎりとお皿をそれぞれ同じ数を揃えていましたが、イヌがおにぎりを食べてしまったので、おにぎりが足りなくなってしまいました。イヌはいくつのおにぎりを食べたのでしょうか。その数だけ下の四角に○をつけてください。

〈時間〉　1分

〈解答〉　○：2

［2020年度出題］

学習のポイント

当校では数量の問題も頻出分野の１つです。この問題にはお皿の数とおにぎりの数を先にかぞえてから、それを見比べて答えを出すやり方と、お皿１枚、おにぎり１つを１人分のセットとして作っていき、余ったお皿の数で答えを出すやり方の２つの方法があります。最初のやり方では、お子さまが１～10の数をかぞえられることが大切になってきます。もう１つのやり方では、それぞれをセットにする、生活体験を伴った考え方が大切になってきます。どちらの考え方でもよいのですが、基礎として、おはじきなどの実物を使った学習をすると、お子さまの理解が深まります。問題同様に色の違うおはじき（赤をお皿、青をおにぎりとする）を置いてみてください。最初のやり方の場合、まず赤のおはじきを取り出して、１列に並べます。そして同じように青のおはじきを取り出して、赤と平行にして並べてみてください。そうすると青のおはじきが２つ少ないことから、足りないおにぎりが２つであることがわかります。もう１つの解き方については、赤と青をそれぞれ１つずつ取り出していくと、最後に赤のおはじきが２つ余りますから、おにぎりが２つ少ないということがわかります。

【おすすめ問題集】

Ｊｒ・ウォッチャー37「選んで数える」、38「たし算・ひき算1」、
39「たし算・ひき算2」、42「一対多の対応」

問題27　分野：常識（マナー・知識）

〈準備〉　鉛筆

〈問題〉　①左上の絵を見てください。短いホースで水を遠くまで飛ばすには、あなたならどうしますか。「頭の上で振る」だと思う人は「○」を、「ホースの先をつまむ」だと思う人は「△」を、「ふつうにとばす」だと思う人は「×」を書いてください。
②右上の絵を見てください。外国人のお友だちが、お箸を使えずに困っています。あなたならどうしますか。「教えてあげる」だと思う人は「○」を、「大人を呼ぶ」だと思う人は「△」を、「放っておく」だと思う人は「×」を書いてください。
③左下の絵を見てください。みんなで積み木を使って遊んでいますが、１人だけ輪に入っていない子がいます。あなたならどうしますか。「放っておく」だと思う人は「○」を、「あの子１人で遊んでるとみんなに言う」だと思う人は「△」を、「ねえ、いっしょに遊ぼうと声かける」だと思う人は「×」を書いてください。
④右下の絵を見てください。家族でご飯を食べています。どのように食べますか。「おしゃべりをしながら」だと思う人は「○」を、「勉強をしながら」だと思う人は「△」を、「テレビをみながら」だと思う人は「×」を書いてください。

〈時間〉　各15秒

〈解答例〉　①△　②○　③×　④○

［2020年度出題］

学習のポイント

当校で例年出題されている、さまざまなできごとに対してどのように対応するかを答える問題です。当校は国際学級があるなど、グローバルな学習が特徴的なので、入試問題でも、外国のお友だちにどう対応するかということがよく出題されています。言うまでもなく、国籍など関係なく接するということが大切になります。②の問題は外国籍のお友だち、③は同じ国籍のお友だちに対してですが、同じように対応するということを心掛けましょう。④の問題も同じです。この問題では家族と食事をとっていますが、家族同様にほかの人と食事を取る場合のマナーも大切です。昨今では生活様式も多様性を増していますが、当校を志願されるのであれば、「ながら」の食事は好ましくないと考えましょう。つまり、②③④は国籍・年齢に関係なく、どのようにコミュニケーションを取るかを観られているのです。他の人と話すこと自体があまり得意ではないお子さまもいるでしょう。そのようなお子さまには、ふだん足を運ばない公園などに出掛け、わざと知らないお友だちと遊ばせてみましょう。この問題だけでなく、行動観察の問題の対策にもなります。①の問題は、実際にホースを使って経験していないと解くことができない生活体験の常識問題です。ですから、解けなくても経験させれば問題ないでしょう。お子さまにホースを持たせ、どのようにしたら水を遠くへ飛ばせるか、経験させてください。

【おすすめ問題集】

Ｊｒ・ウォッチャー29「行動観察」、56「マナーとルール」

問題28　分野：行動観察

〈準 備〉　お盆、ピンポン玉、カゴ

〈問 題〉　この問題の絵はありません。

①２人組を作り、ボール運びゲームをします。
②ペアになったお友だちと２人で、お盆の上にピンポン玉をのせて線の内側で待っておく。先生の「はじめ！」の指示を聞いて、ペアのお友だちとお盆を持ちながら走り、遠くにおいてあるカゴの中へピンポン玉を入れてください、戻ってくる時もお友だちとお盆を持ちながら戻ってください。
③落とした時は、そのまま次の２人と交代してください。
④先生の「やめ！」という指示で、ゲームを終えてください。
⑤ピンポン玉が多く入っているグループが勝ちです。
※２人組の組み合わせを変えながら、３回ほど行う。

〈時 間〉　1分

[2020年度出題]

学習のポイント

この行動観察では、はじめて会うお友だちと協力しながら課題に取り組めるかどうかがポイントとなります。２人でお盆を持ってピンポン玉を運ぶという作業は、お互いの歩幅、持っている位置などを合わせないと、上手くできません。ですから、自分勝手な態度をとったり、逆に遠慮しすぎることはよい結果につながりません。お互いがしっかりと協調し合えるよう、掛け声をかけたり、相談しあったりできるとよいでしょう。また課題がリレー形式なので、結果を意識してしまいがちですが、保護者の方は、ここで観られているのは取り組む姿勢や態度である、ということをお子さまに意識させるようにしてください。お子さま自身だけでなく、ほかのお友だちも楽しむことができるように取り組むことができれば評価はよいものとなるでしょう。

【おすすめ問題集】

Ｊｒ・ウォッチャー29「行動観察」

問題29　分野：面接・口頭試問

〈準備〉　ペットボトルのキャップ（５個ぐらい）

〈問題〉　※３名ずつのグループで行われます。

①質問１
・今日はここまで、どうやって来ましたか。
・お名前を教えてください。

②質問２
・何か植物や動物を飼っていますか。何を飼っていますか。
（飼っていなかったら、何を飼いたいですか。）
・異性と遊ぶとするなら、何をして遊びますか。
・お友だちが公園で困っています。あなたならどうしますか。

③質問３
（問題29の絵を見せて）
・これは何ですか。

④質問４
ペットボトルのキャップがここにあります。これで遊ぶとしたら、どのように遊びますか。実際に今、遊んでみてください。

〈時間〉　1分

［2020年度出題］

学習のポイント

例年、当校の面接は３名１組のグループで行われます。2020年度入試では面接官は１人でした。順番に質問に答えていく形式なので、ほかの子の答えに影響されてしまうという独特の難しさがあります。面接対策におけるポイントとして、答えを１つだけ準備するのではなく、複数用意しておくとよいでしょう。また、ほかの子と回答がかぶっても問題はありません。正直に同じであるということを伝えることが大切です。自分の考え、思うこと、その理由などを自分の知っている言葉で伝えられる練習を繰り返しましょう。

【おすすめ問題集】

面接テスト問題集、新口頭試問・個別テスト問題集

問題30　分野：制作

〈準　備〉　落ち葉（複数枚）、細い木の枝（複数本）、画用紙（白）

〈問　題〉　**この問題の絵はありません。**
①準備したものを使い、画用紙の上で何か好きなものを作ってください。
（作り終えたら）
②作り上げたものは何ですか。教えてください。

〈時　間〉　適宜

［2020年度出題］

学習のポイント

制作の問題ですが、準備物がクレヨンや絵の具ではなく、落ち葉や細い木の枝なので、「何か好きなもの」を作ってください、と指示されても何を作ればいいのかわからない子が多いと思います。その意味では非常に難しい問題といえるでしょう。お子さま自身の今までの経験から、落ち葉や細い木の枝を使って何ができるかを考えなければいけません。お子さまが戸惑うようであれば、保護者の方といっしょに考えていきましょう。例えば、落ち葉や木の枝を何かに例えるということも１つの方法です。「お子さまに何の形に似ている？」と質問し、お子さまが答えたものをヒントに何ができるのか考えてみてください。具体例をあげるとするならば、お子さまが「羽」と答えたならば、保護者の方が「じゃあ羽のついたものを作ろうよ」というようにです。準備物そのものが制作向けのものではないので、出来上がった作品を見ても、抽象的で今ひとつ何かわからないものが出来上がるかもしれません。どういう点でそれらしさを表現した、ということを説明できれば評価へとつながっていきます。

【おすすめ問題集】
Ｊｒ・ウォッチャー25「生活巧緻性」

問題31　分野：お話の記憶

〈準備〉　鉛筆

〈問題〉　明日は動物村の運動会の日です。小鳥さんは運動会に参加するみんなの様子を見て回りました。ウサギくんは、「明日は１等賞をとるぞ」と張り切って、庭を走っています。タヌキくんは、「つなひきでは絶対負けないぞ」と言って、晩ごはんをおかわりしました。キツネさんは熱を出して寝ています。「みんなとダンスをしたかったのになあ」と言いながら、残念そうな顔をしています。明日はお休みですね。カメさんは、「ビリになるのはいやだなあ。明日は雨が降らないかなあ」と、しぶしぶ準備をしています。
次の日の朝、おひさまが出ると、小鳥さんはとてもきれいな歌声で「ラララ〜、みんなおはよう」と、みんなを起こしました。公園にみんなで集まって、運動会が始まりました。はじめの種目はつなひきです。ウサギくんチームとタヌキくんチームに分かれてつなを引きます。「エイッ、ウーン」みんな力一杯つなを引っ張り、タヌキくんチームが勝ちました。次はダンスです。みんなで輪になって踊りました。「キツネさんといっしょに踊りたかったね」とウサギくんは残念そうに言いました。その次はかけっこです。「ヨーイドン」と合図が鳴り、みんな一斉に走り出しました。カメさんは一生懸命走りましたが、ウサギくんとタヌキくんはずっと先まで行ってしまいました。「あーあ、ビリになっちゃうなあ」と思いましたが、それでも走っていると、途中でタヌキくんが転んでしまいました。「タヌキくん大丈夫かい」とカメさんが声をかけると、「イテテ、もう走れないや。僕の分まで頑張って」とタヌキくんは答えました。またしばらく走っていると、今度はウサギくんが休んでいます。「ウサギくん、大丈夫かい」とカメさんが言うと、「少し休んだら追いかけるよ。負けないからね」と言いました。カメさんはそのまま、走り続けました。ゴールが見えてきた時、後ろからウサギくんが追いかけてきました。カメさんは抜かれたくないので、ゴールまで急ぎました。「ゴールイン」勝ったのはカメさんです。ウサギくんは、あと１歩のところで追いつけませんでした。「やった。１等だ」カメさんは大よろこびです。「カメさん、おめでとう」後からゴールしたタヌキくんとウサギくんも、お祝いの声をかけてくれました。

①左上の絵を見てください。運動会の前の日に、「つなひきでは絶対負けないぞ」と言ったのは誰ですか。選んで○をつけてください。
②右上の絵を見てください。運動会をお休みしたのは誰ですか。○をつけてください。また、なぜ運動会を休んだのですか。「ねぼうをしたから」だと思う人は「○」を、「熱を出したから」だと思う人は「△」を、「ビリになるのがいやだから」だと思う人は「×」を、右上の四角に書いてください。
③カメさんはなぜ、「明日は雨が降らないかなあ」と思ったのですか。「風邪をひいたから」だと思う人は「○」を、「みんなとダンスをしたいから」だと思う人は「△」を、「かけっこに出たくないから」だと思う人は「×」を書いてください。
④右下の絵を見てください。かけっこで勝ったのは誰ですか。選んで○をつけてください。

〈時間〉　各15秒

〈解答〉　①タヌキ　②キツネ　理由：△　③×　④カメ

［2019年度出題］

学習のポイント

お話の記憶の問題です。実際の試験では、女性の声を録音した音源が使用されました。お話は昨年よりも少し長くなりましたが、その内容は例年とほとんど変わっていません。また、当校の特徴の１つである、登場人物の言葉の理由を問う質問が、本年も出題されています。そのため、聞き取る、覚える、理由を考えるの３点を重視した対策練習をすすめるとよいでしょう。お話を聞き取り、覚えることについては、基本的な読み聞かせをくり返すことで、長いお話でも正確に覚えられるようになります。登場人物のそれぞれに対して、「誰が、（何を）どうした」を把握できるようにしてください。理由を考える時は、登場人物の行動やセリフをヒントに考えます。「熱を出したので（理由）」「運動会はお休み（結果）」というように、理由と結果をつなげると、覚えやすいかもしれません。③は、少しひねった問題です。雨が降ってほしい直接の理由は説明されていませんが、「ビリになるのはいやだなあ」という言葉からカメさんの気持ちを考えると、「かけっこに出たくない」という理由が思い浮かべられるでしょう。

【おすすめ問題集】

１話５分の読み聞かせお話集①②、　お話の記憶　初級編・中級編、
Ｊｒ・ウォッチャー19「お話の記憶」

問題32　分野：図形（鏡図形）

〈準備〉　鉛筆

〈問題〉　左上の絵を見てください。公園で遊んでいたクマさんが、お家に帰ってきました。手を洗っている時に鏡を見ると、泥がついた顔が写っています。クマさんの顔として、正しいものを選んで○をつけてください。

〈時間〉　30秒

〈解答〉　左下

［2019年度出題］

学習のポイント

当校では例年、図形分野の問題が出題されています。それは、形の全体を把握してから細かい部分へ目を配る、観察の基本的な方法が身に付いているかどうかを観るためでしょう。本問は例年出題されている図形の構成ではありませんが、観点は同じです。鏡図形の問題では、鏡に映したものや、鏡に映った像として正しいものを選びます。鏡に映った像は、左右が反対になりますが、上下は変わりません。このことを理解した上で、絵の特徴的な部分の位置を確認していきます。本問では、クマの顔についている泥と、帽子の向きに注目します。泥は、鏡に映ったクマの左のほっぺに付いているので、実際にはクマの右のほっぺに付いています。この説明がわかりにくい場合は、「左のほっぺ」を「向かって右のほっぺ」と言い換えてもよいでしょう。つまり、「左」と「向かって右」は同じ方向を表し、それは「右」とは反対側ということです。少しややこしいので、お子さまが理解しやすい言葉を選んで、説明してあげてください。

【おすすめ問題集】

Ｊｒ・ウォッチャー８「対称」、48「鏡図形」

問題33　分野：数量（計数）

〈準　備〉　鉛筆

〈問　題〉　４枚の絵の中で、ドングリが１番多いのはどれですか。○を書いてください。

〈時　間〉　1分

〈解　答〉　左下

[2019年度出題]

学習のポイント

当校では例年、図形分野の問題が出題されています。それは、形の全体を把握してから細かい部分へ目を配る、観察の基本的な方法が身に付いているかどうかを観るためでしょう。本問は例年出題されている図形の構成ではありませんが、観点は同じです。鏡図形の問題では、鏡に映したものや、鏡に映った像として正しいものを選びます。鏡に映った像は、左右が反対になりますが、上下は変わりません。このことを理解した上で、絵の特徴的な部分の位置を確認していきます。本問では、クマの顔についている泥と、帽子の向きに注目します。泥は、鏡に映ったクマの左のほっぺに付いているので、実際にはクマの右のほっぺに付いています。この説明がわかりにくい場合は、「左のほっぺ」を「向かって右のほっぺ」と言い換えてもよいでしょう。つまり、「左」と「向かって右」は同じ方向を表し、それは「右」とは反対側ということです。少しややこしいので、お子さまが理解しやすい言葉を選んで、説明してあげてください。

【おすすめ問題集】
　Ｊｒ・ウォッチャー８「対称」、48「鏡図形」

問題34　分野：常識（理科・生活常識）

〈準備〉　鉛筆

〈問題〉　①上の段の左の絵を見てください。ペットボトルを開ける時、フタをどちらに回しますか。正しい方向の矢印に○をつけてください。
②上の段の右の絵を見てください。この中で、空を飛ぶ生きものはどれですか。選んで○をつけてください。
③下の段の絵を見てください。この中で、十五夜に飾るものはどれですか。選んで○をつけてください。

〈時間〉　1分

〈解答〉　下図参照

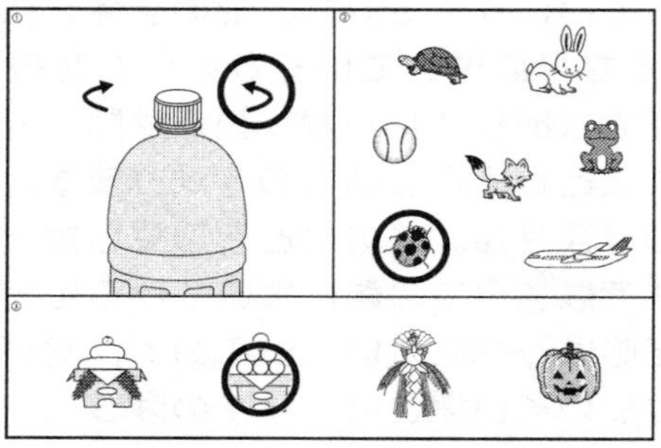

［2019年度出題］

学習のポイント

当校の常識分野の問題は、理科や生活常識を中心に、幅広い分野から出題されています。ふだんの生活の中で、学ぶきっかけになるようなことは、機会を逃さないようにしてください。例えば①は、「右手でボトルを押えて、左手でこっち（反時計回り）に回した」と、ペットボトルを開けた時のことを思い出せれば答えらえます。お子さまが1人でできるようなことを、自分から「やりたい」と言って取り組んでいれば、このような問題は非常に簡単に答えられるでしょう。引っ込み思案で、身の回りのことを自分ですることをためらってしまうお子さまもいますが、できるだけ1人で、さまざまなことに取り組む機会を作るようにしてください。また②については、「空を飛ぶ生きもの」という指示を聞き逃さなければ答えられます。ウサギやカエルは「跳ぶ（はねる）」生きものです。飛行機も同様にひっかけの選択肢です。ていねいに聞き取って、よく考えて答えることを忘れないようにしてください。

【おすすめ問題集】
Ｊｒ・ウォッチャー12「日常生活」、27「理科」、55「理科②」

問題35 分野：常識（マナー）

〈準 備〉 鉛筆

〈問 題〉 ①左上の絵を見てください。お母さんと女の子が、お祭りで風船を買いました。でも、買ってもらった風船が飛んで行ってしまいました。あなたならどうしますか。「泣いてもう１度買ってもらう」だと思う人は「○」を、「見つかるまで探す」だと思う人は「△」を、「仕方がないからあきらめる」だと思う人は「×」を書いてください。
②右上の絵を見てください。朝、外国人のお友だちが、「ボンジュール」と声をかけてきました。あなたならどうしますか。「ボンジュールと答える」だと思う人は「○」を、「日本ではおはようと言うことを教える」だと思う人は「△」を、「黙ってどこかへ行く」だと思う人は「×」を書いてください。
③左下の絵を見てください。公園のすべり台で遊ぼうとしたら、小さな子が走ってきました。あなたならどうしますか。「小さな子に譲る」だと思う人は「○」を、「捕まえて、文句を言う」だと思う人は「△」を、「取られないように走って先に行く」だと思う人は「×」を書いてください。
④右下の絵を見てください。落ち葉がたくさん落ちています。あなたならどうしますか。「火をつけて焼きイモをする」だと思う人は「○」を、「きれいな葉を探す」だと思う人は「△」を、「ほうきで掃いて片付ける」だと思う人は「×」を書いてください。

〈時 間〉 各15秒

〈解答例〉 ①× ②△ ③○ ④×

[2019年度出題]

学習のポイント

さまざまな場面でのふるまいに関する常識問題です。当校では、お友だちや身近な人たち、特に外国人の方とのコミュニケーションに関する質問が例年出題されています。この点において、外国人だからといって特別な対応が求められているわけではありません。むしろ、いつもと変わらない接し方をできるかどうかが観られています。本問で扱われた4つの場面と似たような状況を、お子さまは少なからず経験していると思います。例えば、買ってもらったアイスを落とした、知らない子に声をかけられたなどです。その経験と本問の場面を照らし合わせて、最善の回答を選ぶのが理想です。当校では、口頭試問でも同様の質問をされることがあるので、お子さまの体験を整理しておくことが対策として有効です。本問を解き終えた後で、お子さまが同じような体験をした時の話を聞いて、実際にその時したことや、できなかったことを言葉にするとよいでしょう。

【おすすめ問題集】
Ｊｒ・ウォッチャー29「行動観察」、56「マナーとルール」

問題36　分野：制作

〈準備〉　折り紙（１セット）

〈問題〉　**この問題の絵はありません。**
※３名ずつのグループで行われます。
※チューリップ、コップ、チョウチョなどの中から１つ折ります。
（先生がお手本を見せる）
①お手本の通りに、折り紙を折ってください。
②今と同じものを、「やめ」というまでに、たくさん折ってください。
③今、どのようなことに気を付けて折りましたか。話してください。

〈時間〉　適宜

［2019年度出題］

学習のポイント

お手本で見た通りの形を、折り紙で作る課題です。題材は３つの中からランダムに選ばれますが、どれも難しいものではありません。年齢相応に折り紙ができれば問題ないでしょう。本問では、①で作ったものを、②でたくさん折ります。「たくさん」と指示されると、気持ちが早さや量に向いてしまい、ていねいさが疎かになりがちです。そんな時に③の質問をされると慌ててしまい、悪い意味で「素の姿」を見せてしまうかもしれません。制作の課題では、「作業は１度でていねいに」することが、質と量を両立させるためのポイントです。お子さまの気持ちを急がせてしまうような課題では、先のポイントを踏まえて、質を落とさない程度にテキパキと進めることが大切です。

【おすすめ問題集】
Ｊｒ・ウォッチャー25「生活巧緻性」

問題37　分野：お話の記憶

〈準備〉　鉛筆

〈問題〉　お話を聞いて後の質問に答えてください。
ウサギくんとタヌキくんとカメさんは、３人で冒険に行くことにしました。次の日の朝、海岸に集合すると、カメさんが、「ごめんなさい。風邪をひいちゃって行けないの。でも、ボートを作ったから、これに乗っていってね」と言いました。ウサギくんとタヌキくんは、カメさんに見送られて、冒険の旅に出発しました。ボートに乗ったウサギくんが「お菓子の国へ行こうよ」と言うと、タヌキくんは「僕は、おもちゃの国に行きたいな。そうだ、先にお菓子の国へ行って、その後でおもちゃの国へ行こう」と言い、お菓子の国へ行きました。お菓子の国には、おいしいお菓子がたくさんあります。ウサギくんは、ケーキを見つけて走っていきましたが、その途中で転んで足をケガしてしまいました。「えーん、足が痛いよ」と泣いていると、タヌキくんが「急いで走ったからだよ。気を付けようね。さあ、ケーキを食べよう」と言って、ケーキを渡してくれました。おいしいケーキを食べたウサギくんは、足が痛いのも忘れて、元気になりました。それからウサギくんとタヌキくんは、おもちゃの国へ行きました。おもちゃの国には、いっぱいおもちゃがあります。ウサギくんとタヌキくんは大よろこびです。「楽しかったね」、おもちゃで遊び終わってから、２人はカメさんへのおみやげを買って帰りました。

①１番上の段を見てください。お話に出てこなかったのは誰ですか。○をつけてください。
②上から２段目を見てください。冒険に行かずに、みんなを見送ったのは誰ですか。○をつけてください。また、なぜ冒険に行かなかったのですか。「足が痛いから」だと思う人は「○」を、「風邪をひいたから」だと思う人は「△」を、「冒険がつまらないから」だと思う人は「×」を書いてください。
③ウサギくんは、なぜ泣いたのですか。「お菓子の国にもっといたいから」だと思う人は「○」を、「足が痛いから」だと思う人は「△」を、「おもちゃの国に早く行きたいから」だと思う人は「×」を、１番下の段に書いてください。

〈時間〉　各15秒

〈解答〉　①左から２番目（キツネ）　②○：右端（カメ）　理由：△　③△

［2018年度出題］

学習のポイント

当校のお話の記憶では、お話が短めで、質問もそれほど難しくないものが出題されます。出来事や登場人物の気持ちについて、理由を質問されます。お話を聞きとる時には、「誰が」「どうした」に加えて、「なぜ、なんで」ということにも注意しながら覚えていくことが大切です。理由を問う質問では、選択肢がいくつか読み上げられて、その中から選んで記号を書くという形式になっていることにも注意が必要です。この形式では、選択肢を見ながら答えを考えることができません。このような特徴をふまえた上で取るべき対策は、「聞き取る力の向上」です。具体的には、登場人物、出来事、理由など問われやすいポイントを確実に聞き取る力、お話や指示を最後まで聞き取ってから答えを判断する力が身に付くように、目標を決めて読み聞かせや問題練習に取り組みます。例えば、「出来事を聞き逃さない」という目標の日は、読み終わった後で出来事に関する質問をしたり、出来事に関する設問への評価を高くしたりするなどの工夫をするとよいでしょう。大切なのは目標をもって課題に取り組むことなので、負荷をかけすぎないように注意し、お子さまの反応を見ながら進めてください。

【おすすめ問題集】

1話5分の読み聞かせお話集①②、お話の記憶　初級編・中級編、
Ｊｒ・ウォッチャー19「お話の記憶」

問題38　分野：図形（図形の構成）

〈準　備〉　鉛筆

〈問　題〉　左の絵の形を作るのに必要な積み木を、右の絵の中から選んで○をつけてください。

〈時　間〉　1分

〈解　答〉　下図参照

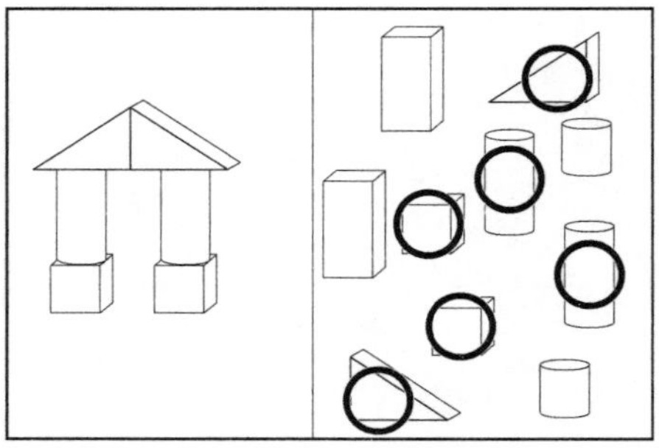

［2018年度出題］

学習のポイント

図形の構成の問題では、お手本の図形を、小さな図形の集合としてとらえる力が求められています。また、本年度は平面図形ではなく、積み木を使った問題となりました。お手本をよく見て、使われている積み木を1つひとつ確認していく観察力も観点であると考えられます。この分野の問題では、小さな図形、特に三角形を組み合わせた時にできる形を何種類も知っていると、スムーズに答えを出すことができます。タングラムなどの正三角形、直角三角形のパズルを2つ用意して、それぞれの辺を合わせてみてください。四角形になったり、大きな三角形ができたりすることを、体験的に理解させておくとよいでしょう。積み木のような立体の場合には、組み合わせのバリエーションはもっと増えます。練習問題に取り組む時も、先に三角形の組み合わせの部分を考えるようにすると、残りの形がわかりやすくなります。考え方が身に付いた上で練習問題をこなすことで、より一層理解度が進みます。

【おすすめ問題集】

Ｊｒ・ウォッチャー９「合成」、16「積み木」、54「図形の構成」

問題39　分野：数量（選んで数える・一対多の対応）

〈準 備〉　鉛筆

〈問 題〉　バラバラに散らばっている長靴と靴を片付けます。正しく片付けられている絵に、○をつけてください。

〈時 間〉　20秒

〈解 答〉　○：1番下

［2018年度出題］

学習のポイント

数量の問題です。当校の入試問題では、食器や手袋などの１組・１対で使うことが多いものを数える問題が、よく出題されています。この問題では、10程度の数を正確に数える力はもちろんのこと、「靴は左と右の２個で１足」のように、１組・１対のものをまとめてとらえる常識の有無も観られています。その点では、常識分野の問題の１種とも言えます。しかし、そのような意味付けを過度にする必要はありません。当校のような、応募者が多く、倍率も高い学校では、「指示を正確に聞き取ること」「１つひとつの作業を正確に行うこと」、つまり正確さが合否のポイントになります。試験の場でどんなに緊張していても、保護者の方と離れて不安な時でも、ふだんと同じような正確さを保てるようになることを目指してください。数量分野で練習する場合は、時間を計って急がせてみたり、保護者の方が途中で席を外したりするなどの工夫をしてみるのもよいでしょう。

【おすすめ問題集】

Ｊｒ・ウォッチャー37「選んで数える」、42「一対多の対応」

問題40　分野：常識

〈準　備〉　鉛筆

〈問　題〉　①左上の絵を見てください。外国人のお友だちが、砂場でどのように遊んでよいかわからずに困っています。この時、外国人のお友だちに、何と言えばよいと思いますか。「いっしょに遊ぼうよ」だと思う人は「○」を、「スコップを貸してあげるよ」だと思う人は「△」を、「遊ぼうと言ってくれないので怒る」だと思う人は「×」を書いてください。
②右上の絵を見てください。お部屋で遊んでいたら、ジュースをこぼして、服を濡らしてしまいました。この時、どうすればよいと思いますか。「１人で着替える」だと思う人は「○」を、「お母さんに着替えさせてもらう」だと思う人は「△」を、「服を脱いで、着替えずに遊ぶ」だと思う人は「×」を書いてください。
③左下の絵を見てください。道で車イスの人とすれ違ったらどうしますか。そのままだとぶつかります。「声をかけずに遠回りする」だと思う人は「○」を、「どいてあげる」だと思う人は「△」を、「気にせずにそのまま歩く」だと思う人は「×」を書いてください。
④右下の絵を見てください。お友だちと積み木で遊んでいます。お友だちの積み木が少ししかありません。この時、どうすればよいと思いますか。「違う遊びをしようと声をかける」だと思う人は「○」を、「気にしないで積み木を作る」だと思う人は「△」を、「自分の積み木を分けていっしょに遊ぶ」だと思う人は「×」を書いてください。

〈時　間〉　各15秒

［2018年度出題］

学習のポイント

さまざまな場面で取るべき行動に関する常識問題です。当校では、お友だちや身近な人たち、特に外国人とのコミュニケーションに関する質問が出題されています。外国人だからといって特別な対応が求められているわけではありません。むしろ、いつもと変わらない接し方をできるかどうかが観られています。また、本問の課題では、一般的な正解以外にも、お子さまにとって正しいと考えられるものがあります。一般的に正しいと思われるものを選んでも、また、それ以外のものを選んだとしても、お子さまに必ず理由を説明させてください。判断した理由が妥当なものであれば、正解とした上で、一般的な判断についての説明を補うとよいでしょう。

【おすすめ問題集】
Ｊｒ・ウォッチャー29「行動観察」、56「マナーとルール」

問題 1

①

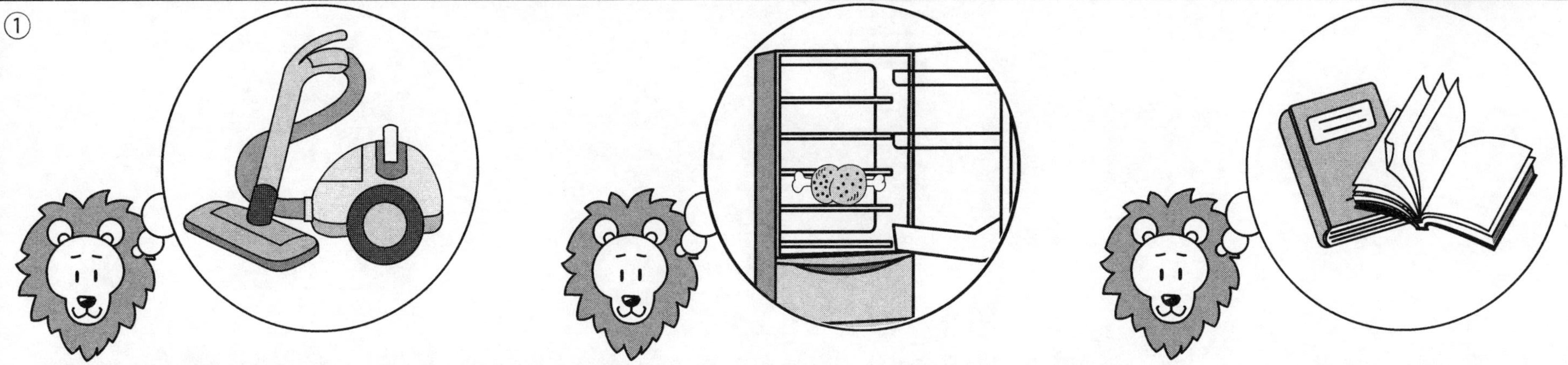

②

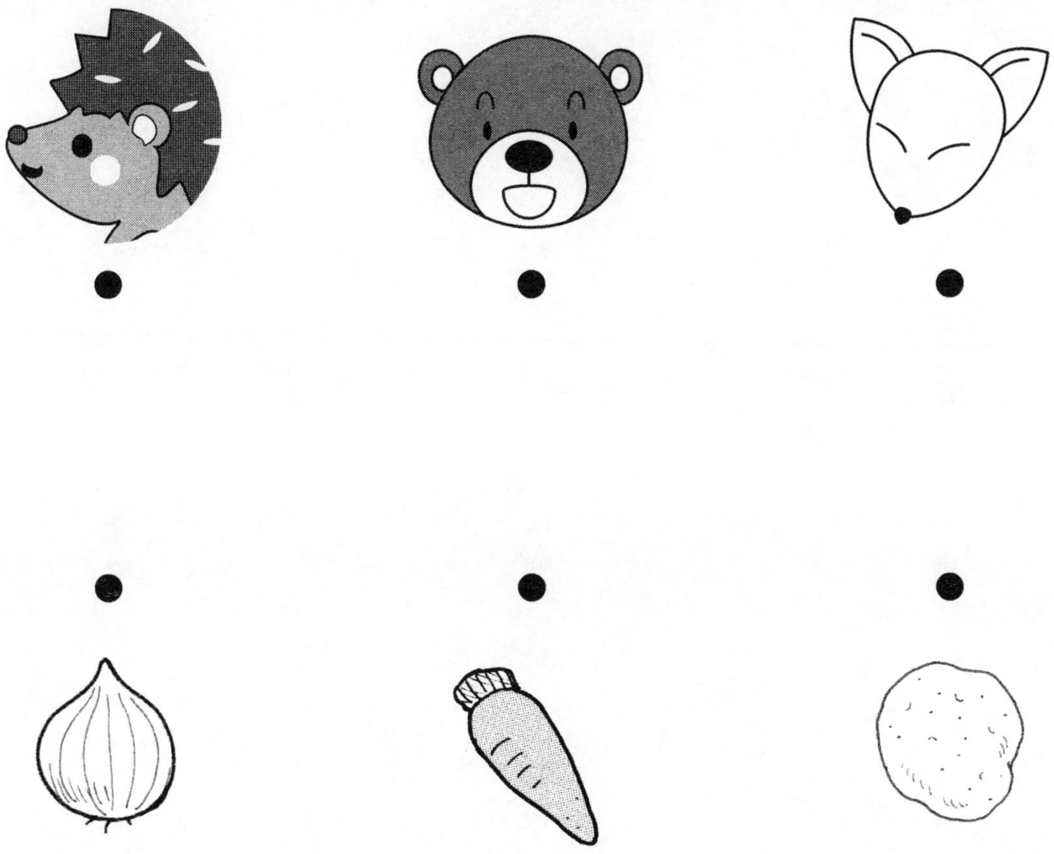

③

日本学習図書株式会社

問題 2

①

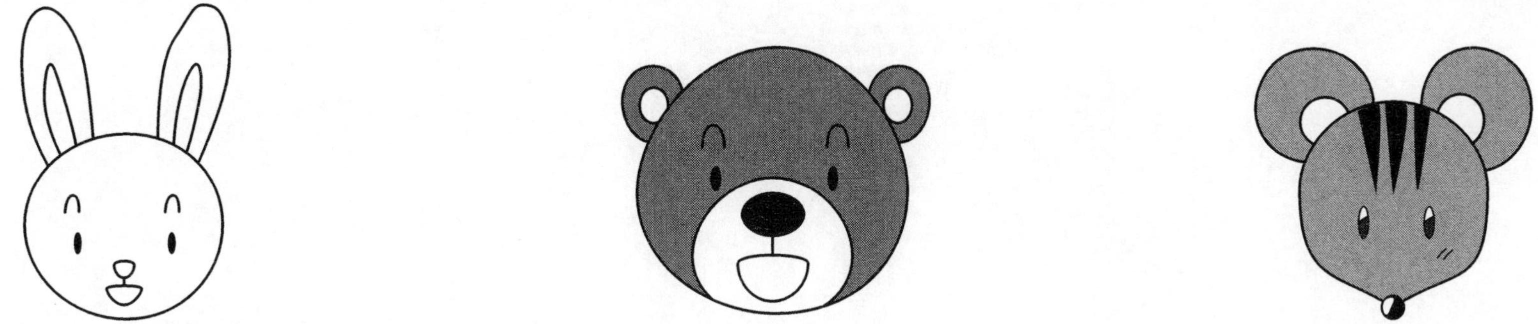

②

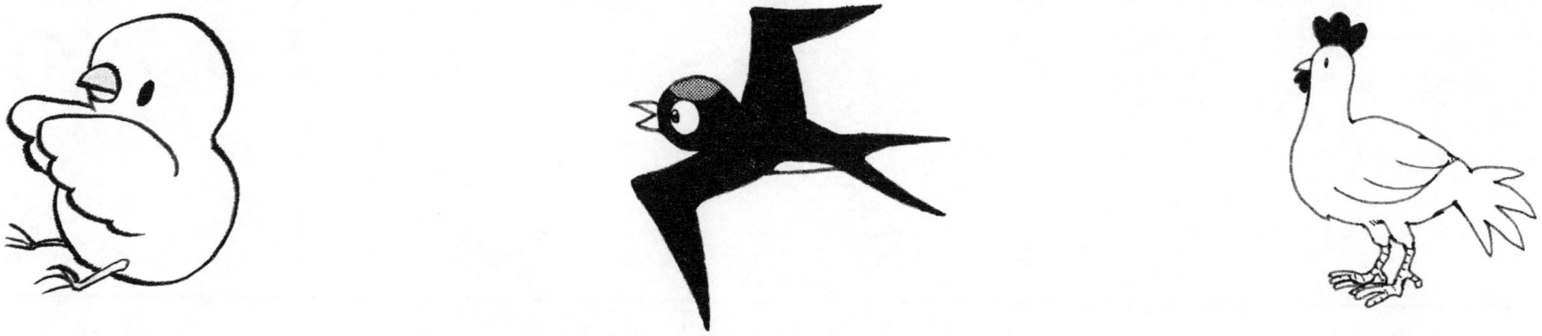

③

問題 3

①

②

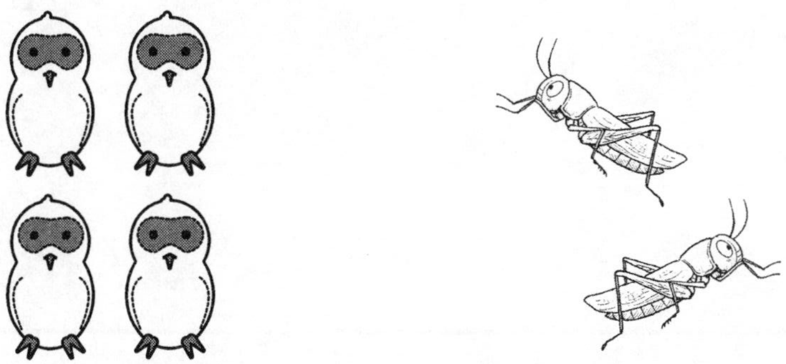

③

問題5

①列の先頭同士でジャンケンをする。
②負けたら移動し、体育座りで待つ。
勝ったら列に残り、①を繰り返す。

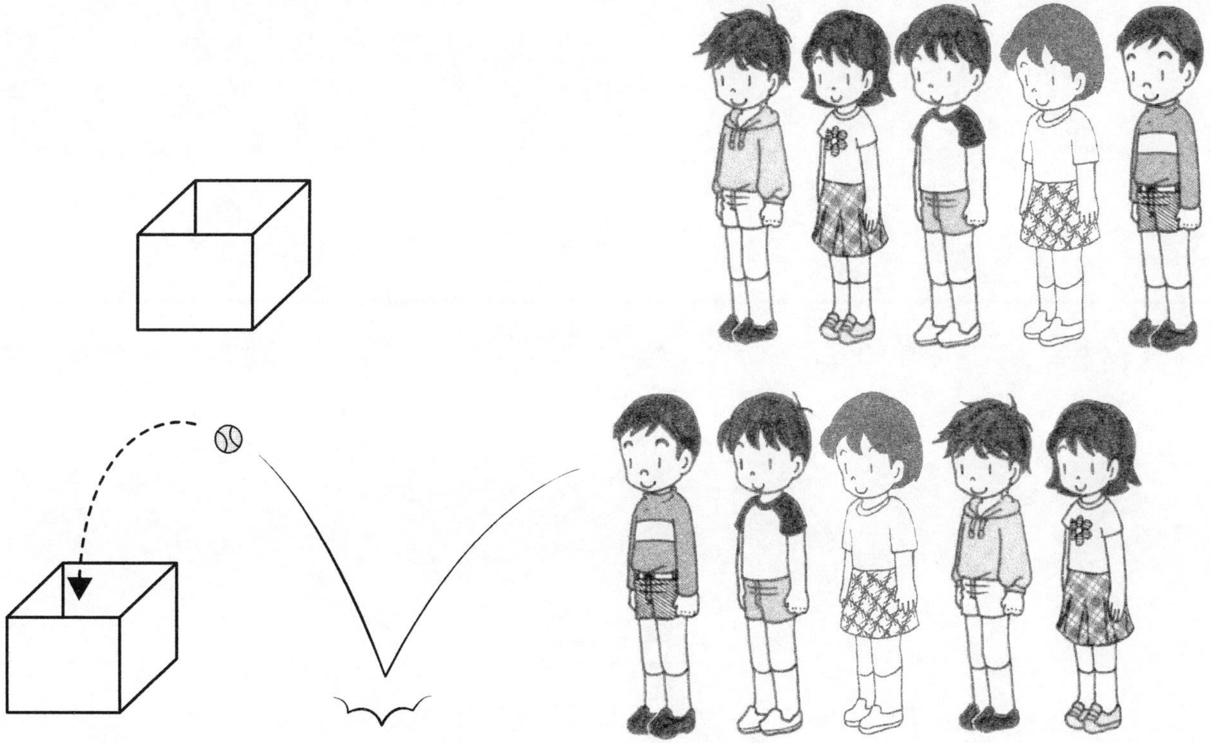

①代表者が先頭に立ち、先生と
ジャンケンをする。
②負けたら列の後ろに移動し、
次の子が代表者になる。
③勝ったらボールをもらい、
箱めがけて投げる。
（ボールを１回地面で弾ませること）

問題6

①

②

③

④

日本学習図書株式会社

2024 年度　学芸大附属大泉小　過去　無断複製／転載を禁ずる

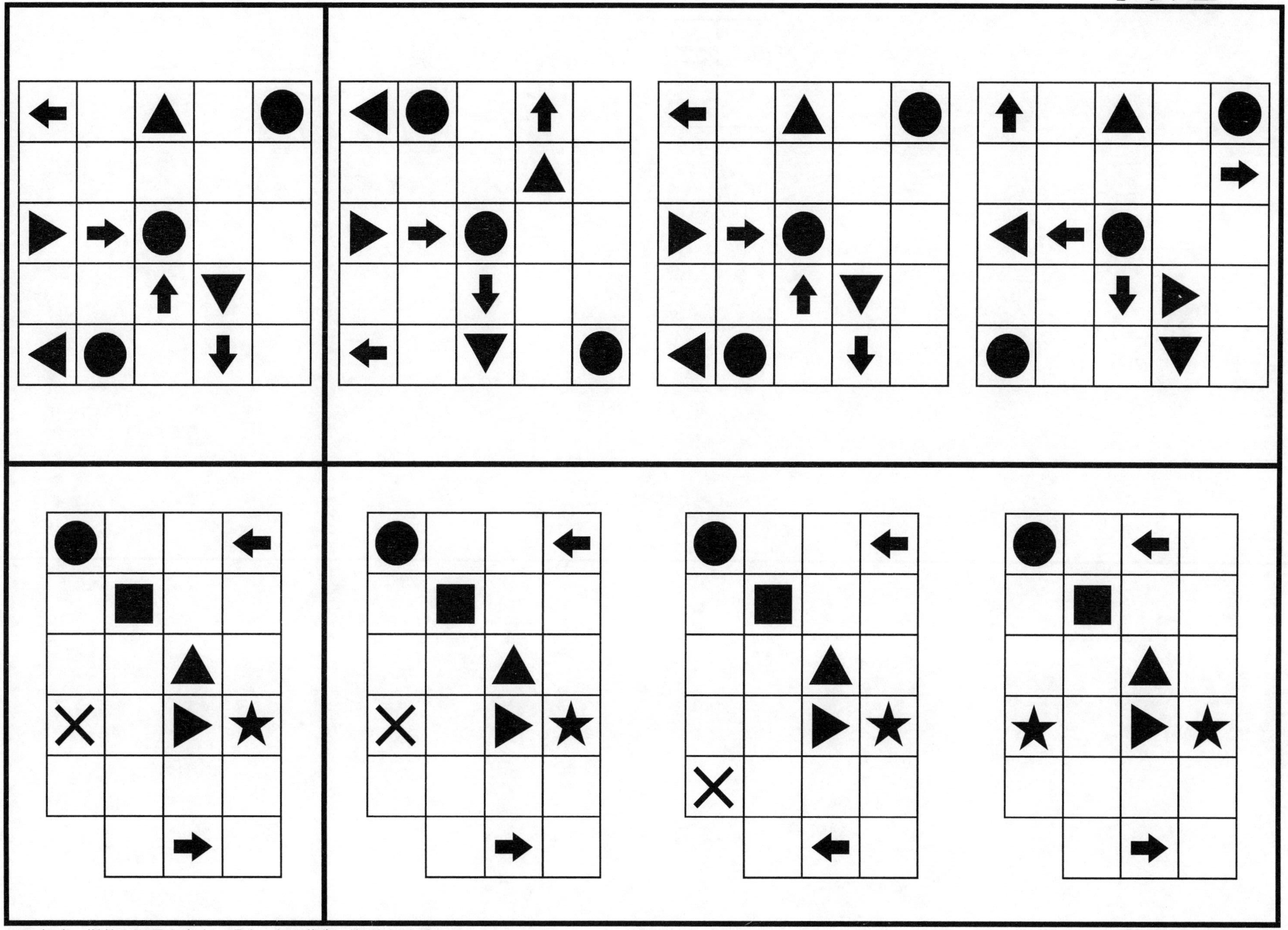

2024年度　学芸大附属大泉小　過去　無断複製／転載を禁ずる

日本学習図書株式会社

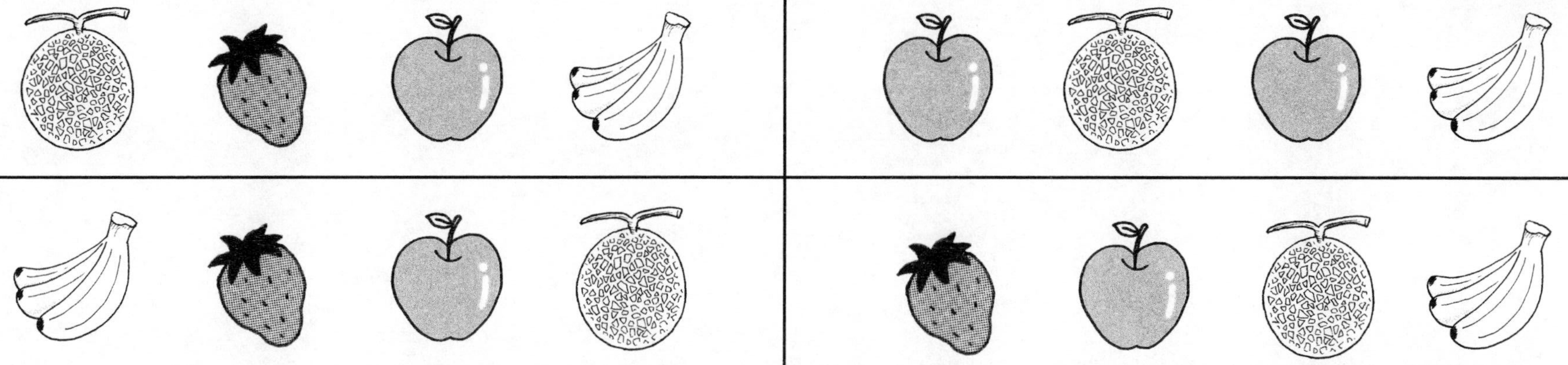

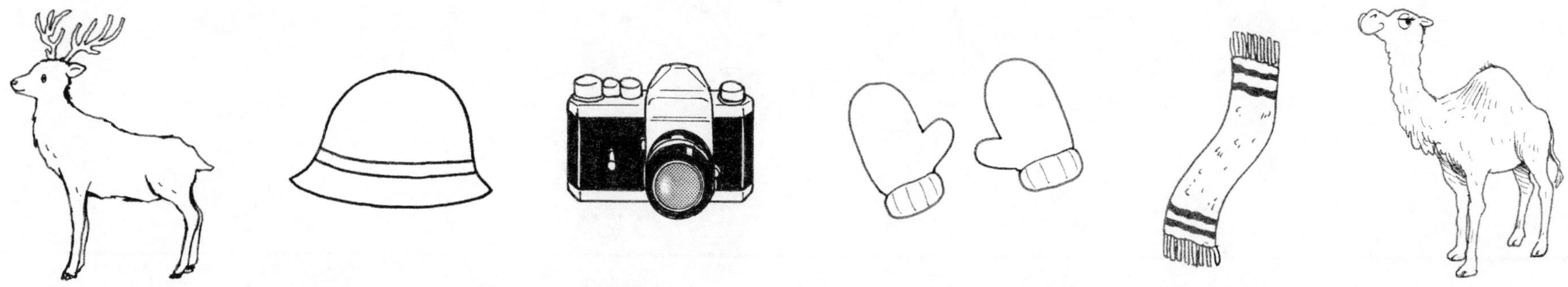

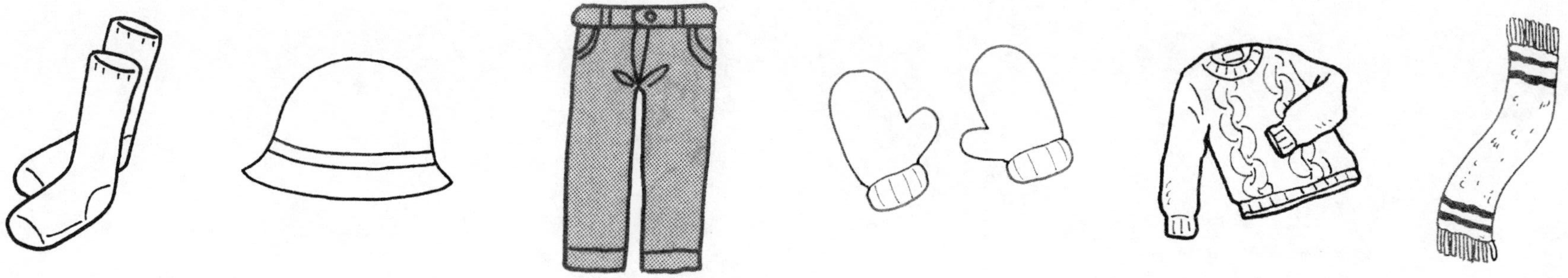

問題9

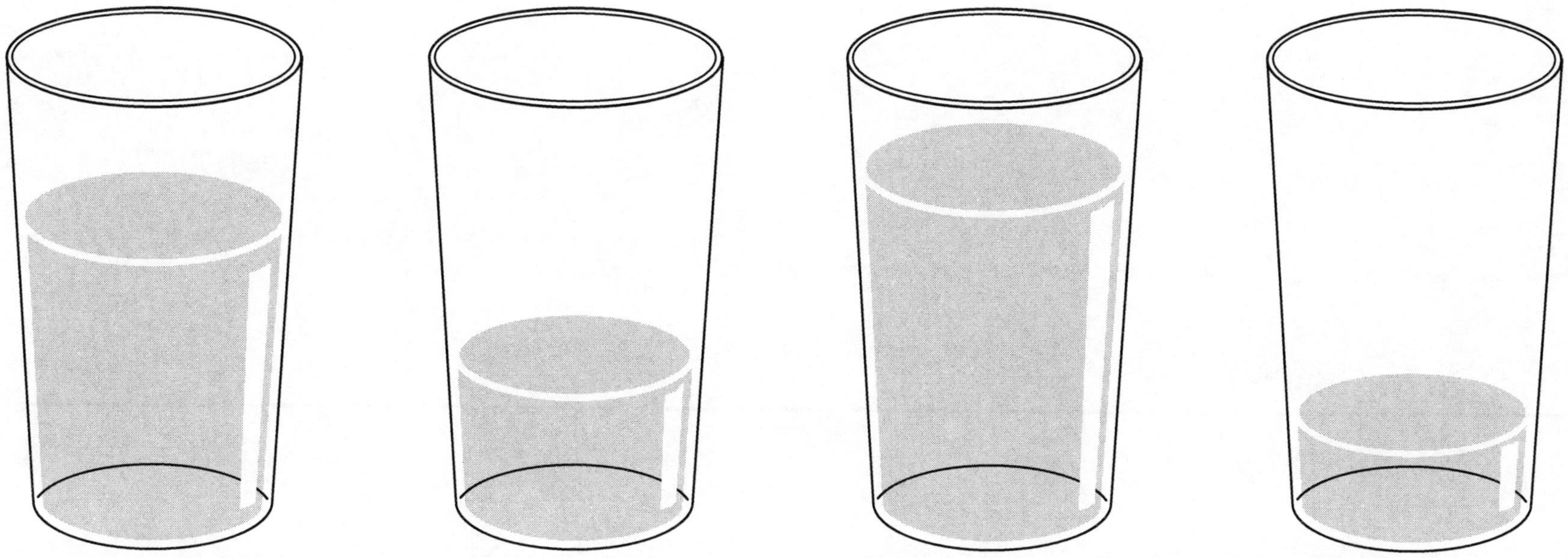

問題１１

①

②

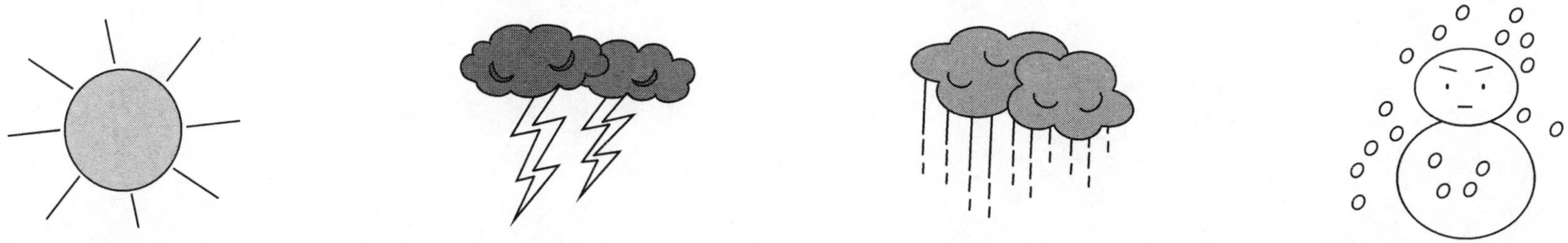

③

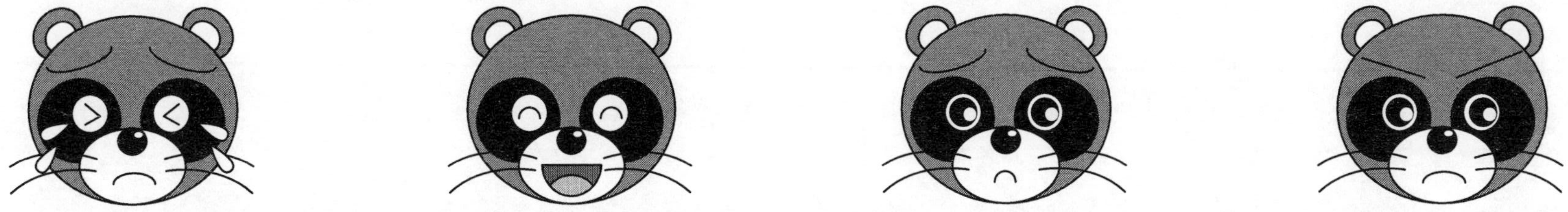

④

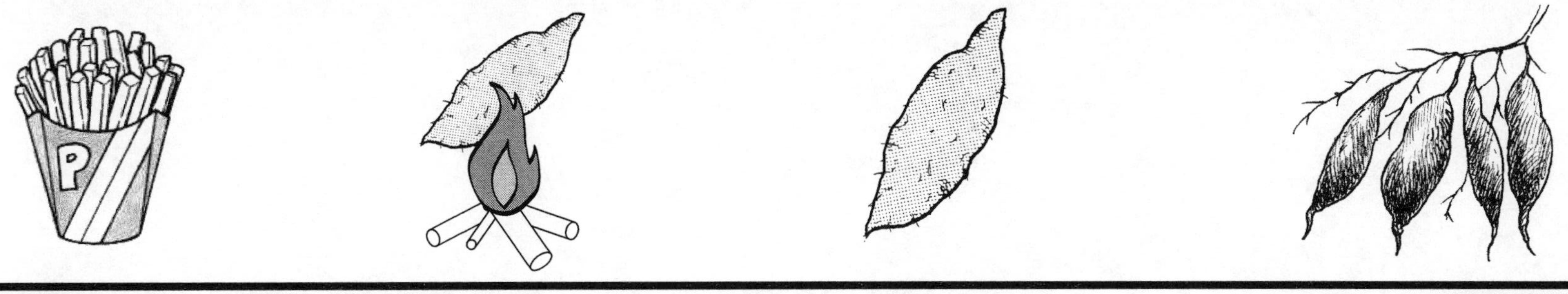

問題１２

①

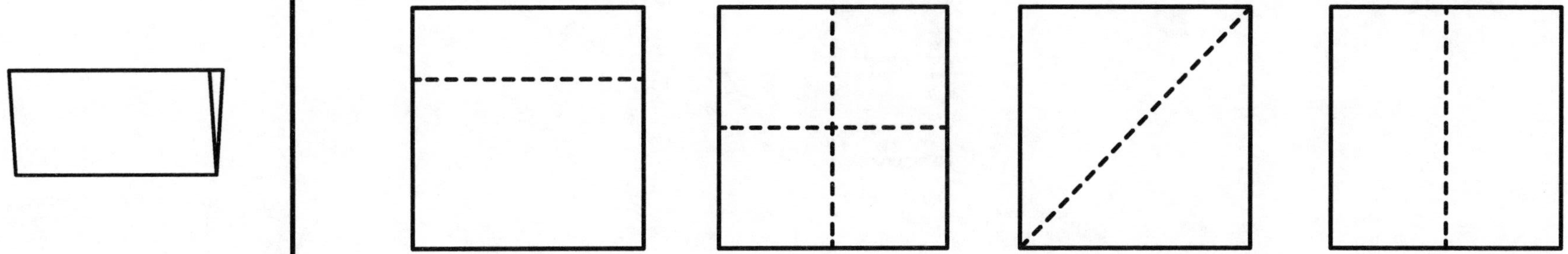

②

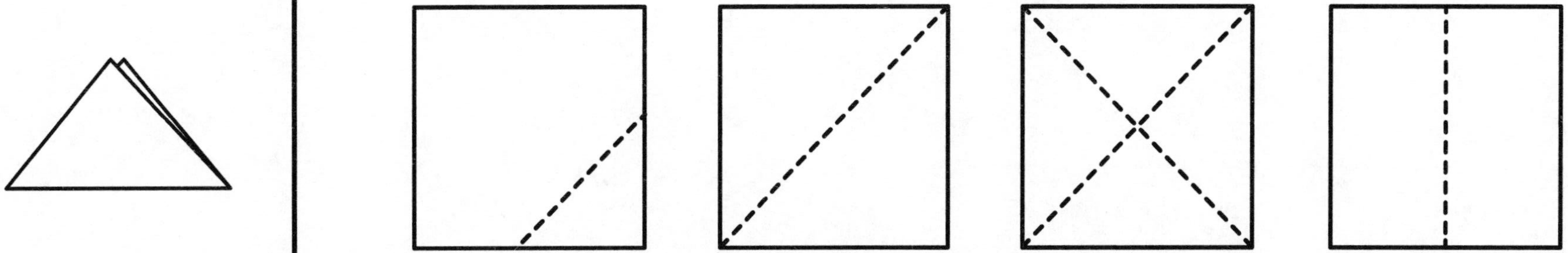

③

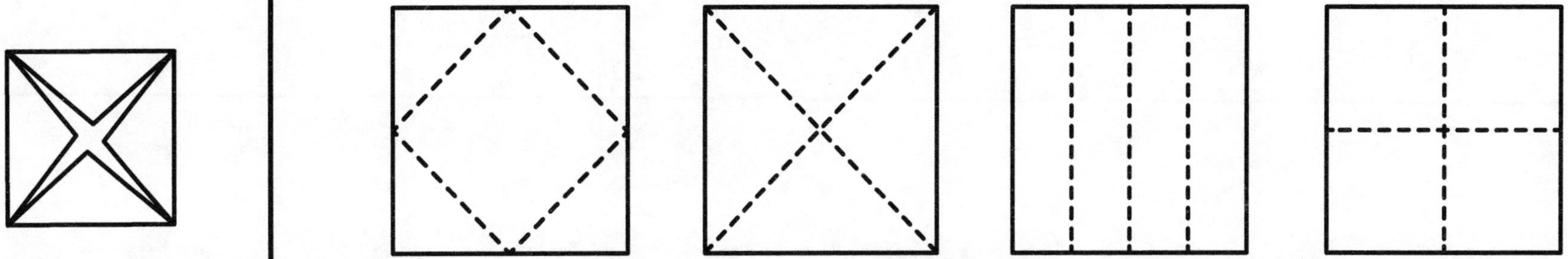

④

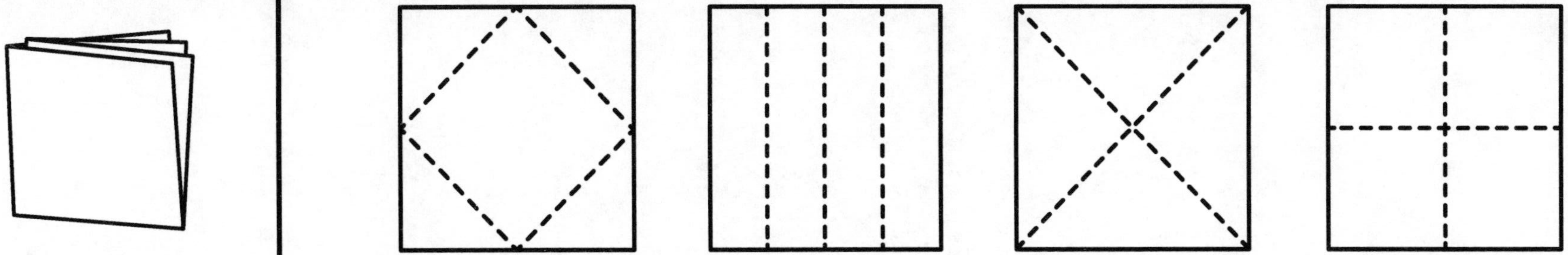

問題１３

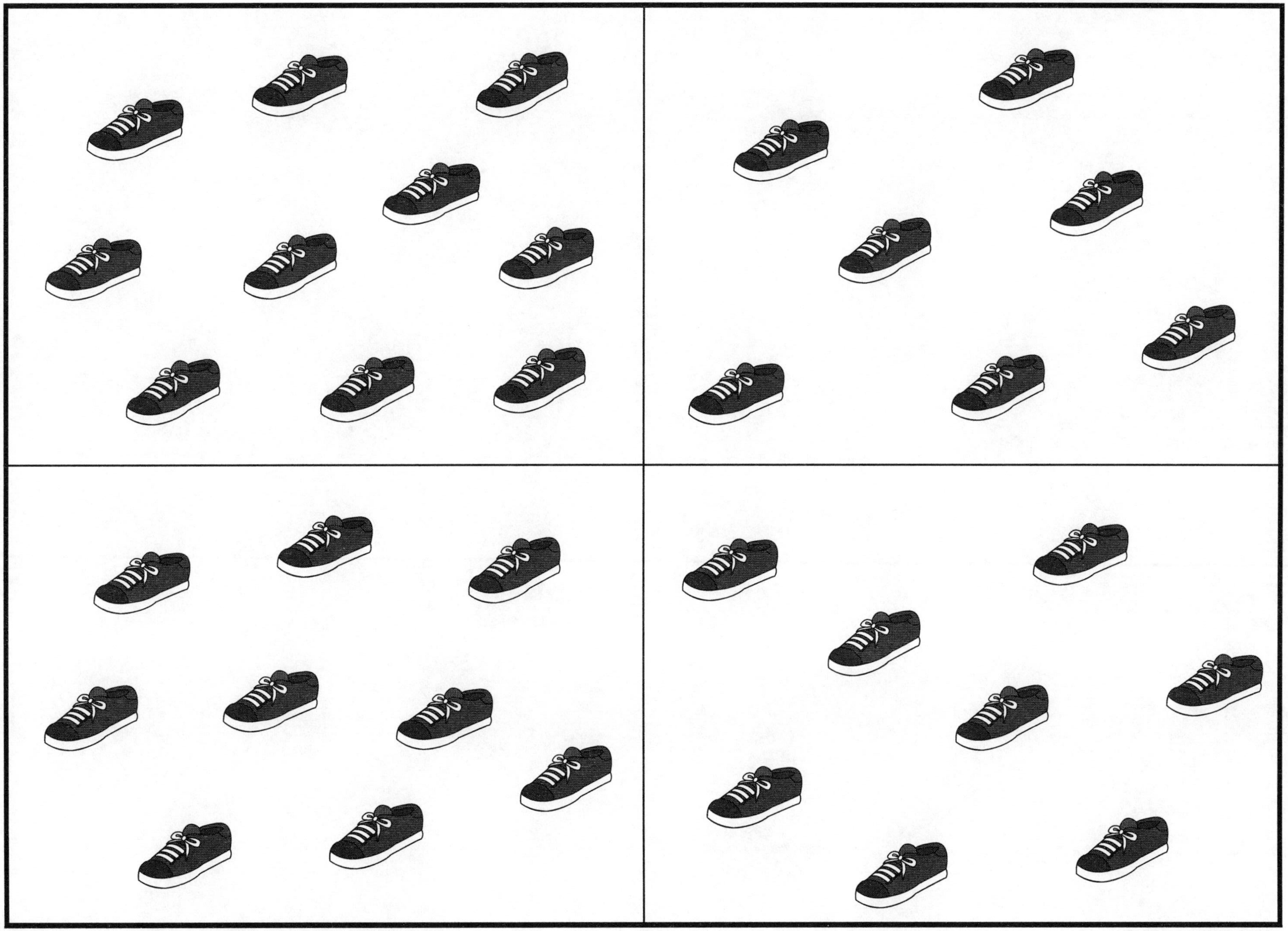

問題14

問題１５－１

問題１５－２

問題１９

問題２０

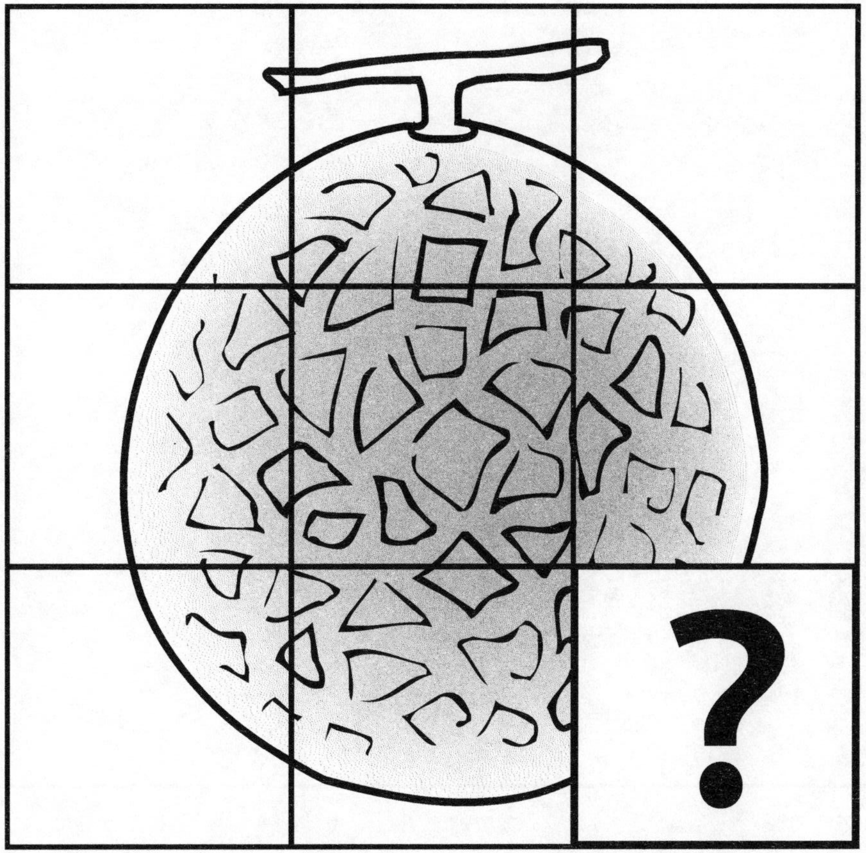

2024 年度　学芸大附属大泉小　過去　無断複製／転載を禁ずる　　　　　　　　　　　日本学習図書株式会社

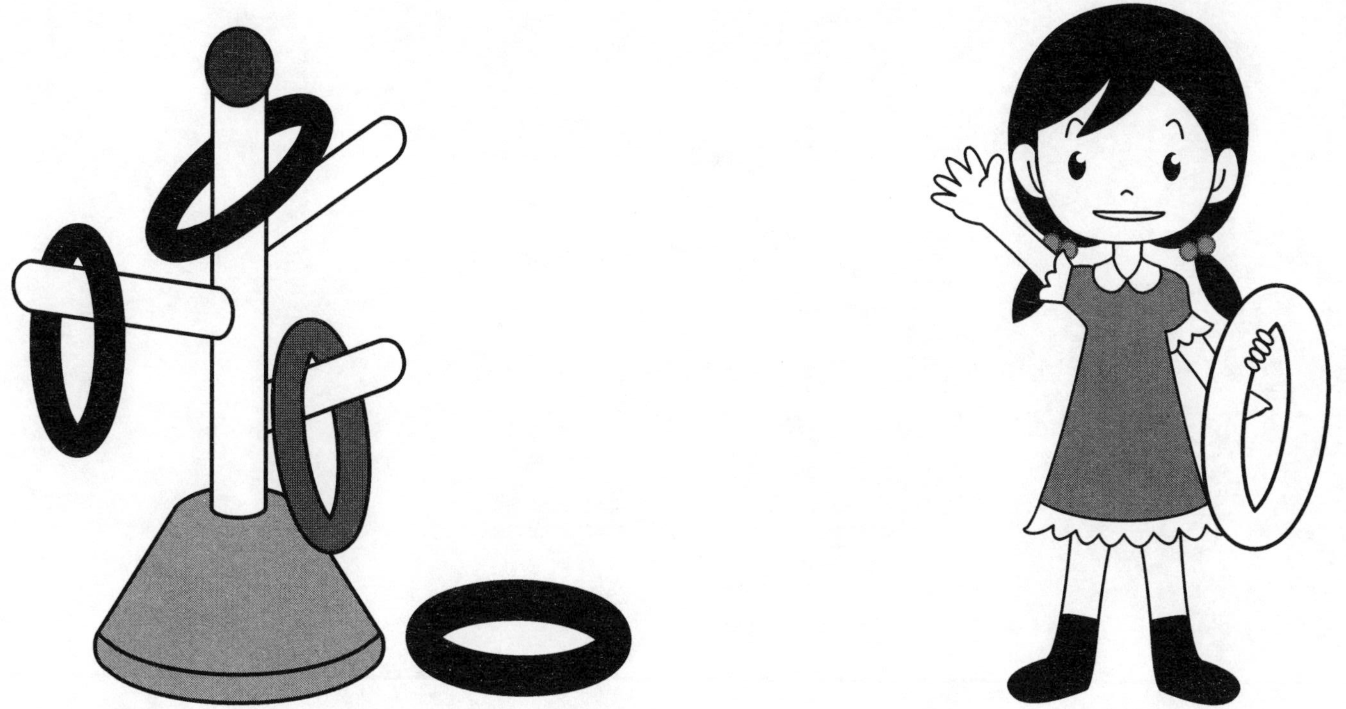

2024 年度　学芸大附属大泉小　過去　無断複製／転載を禁ずる　　日本学習図書株式会社

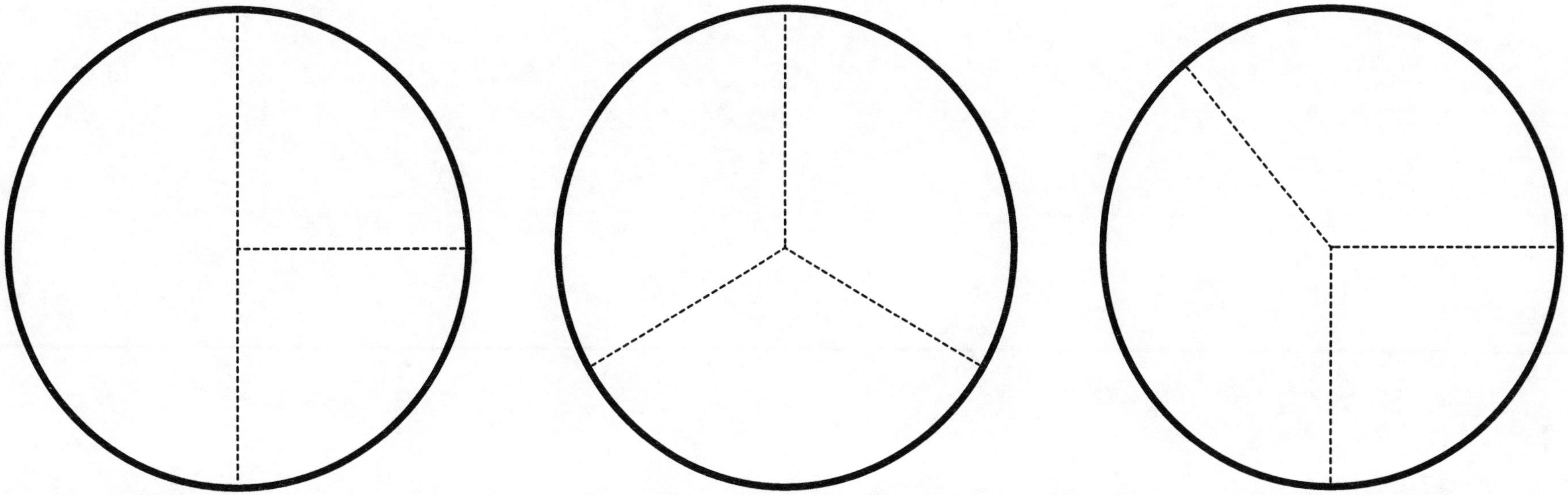

問題S3−1

問題２３－２

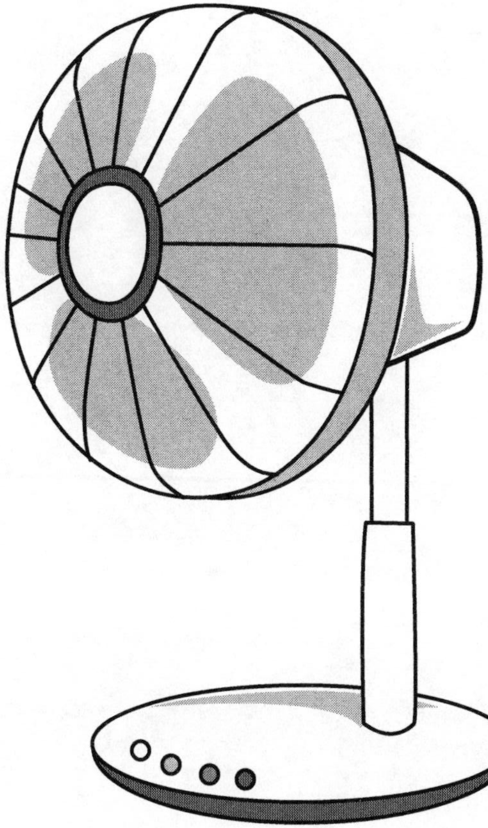

2024 年度　学芸大附属大泉小　過去　無断複製／転載を禁ずる　日本学習図書株式会社

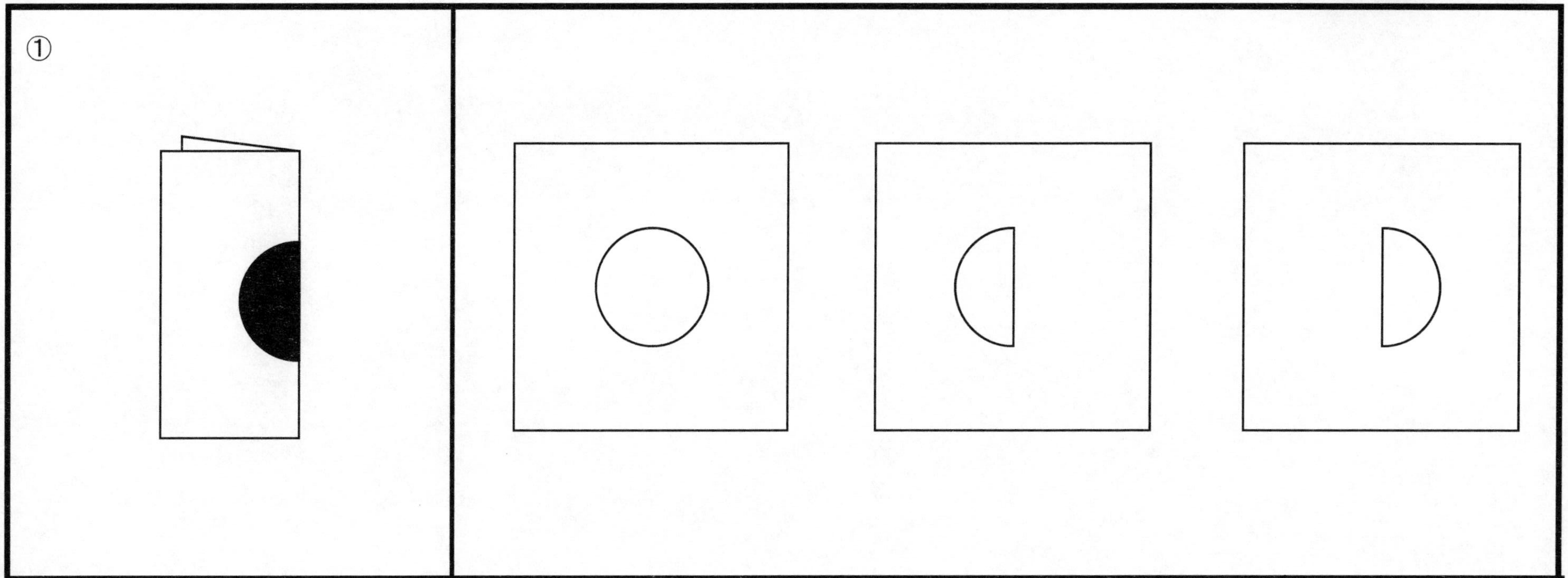

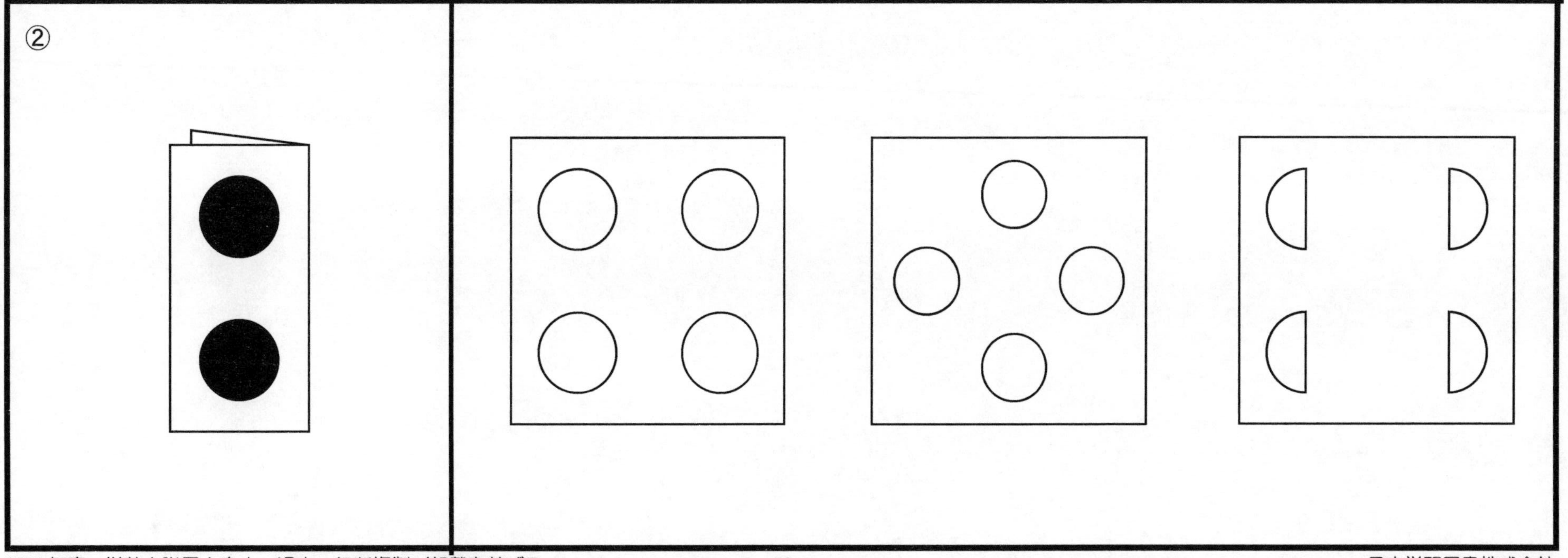

問題52

問題26

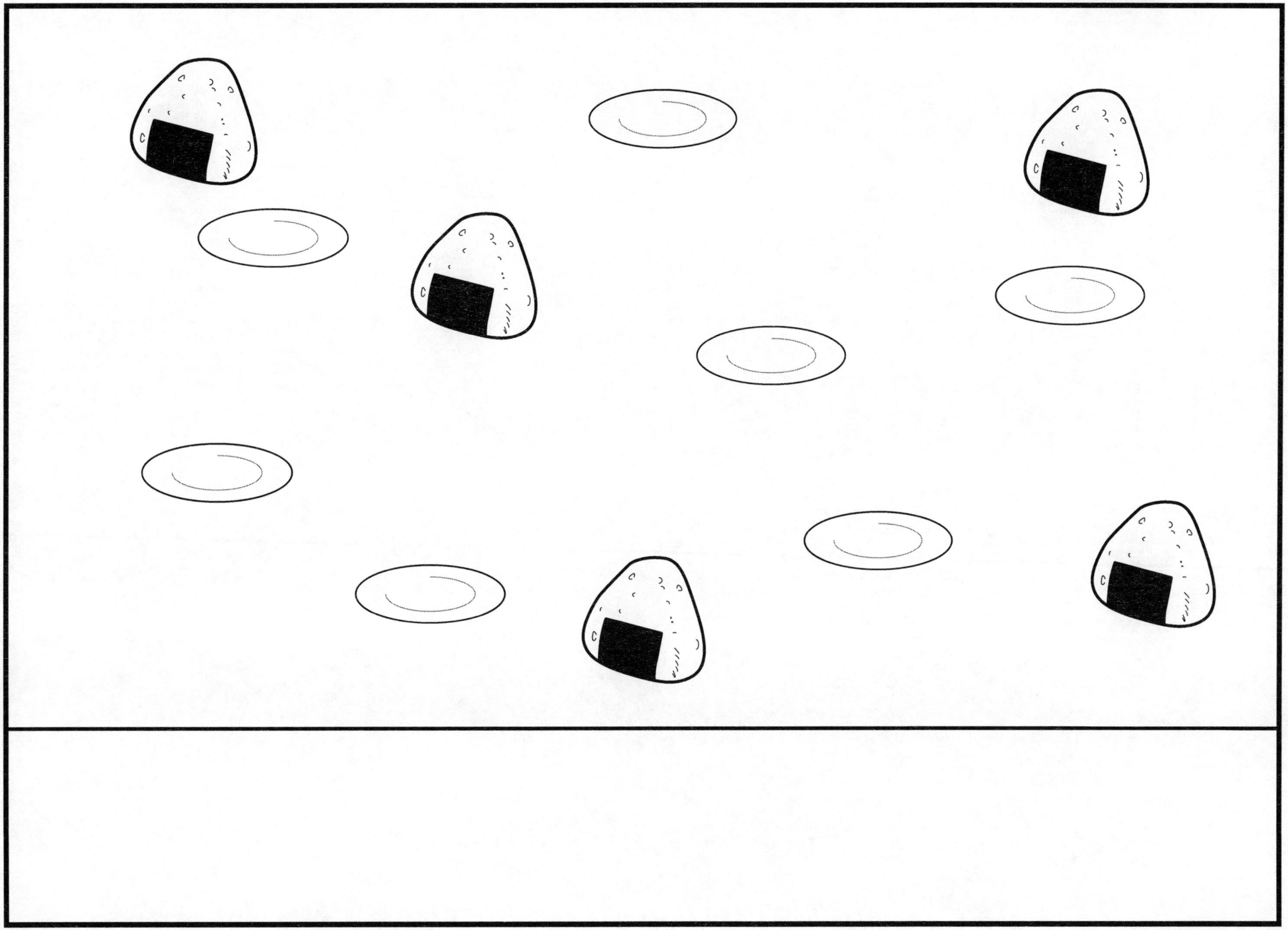

　

問題２７

①

②

③

④

問題２９

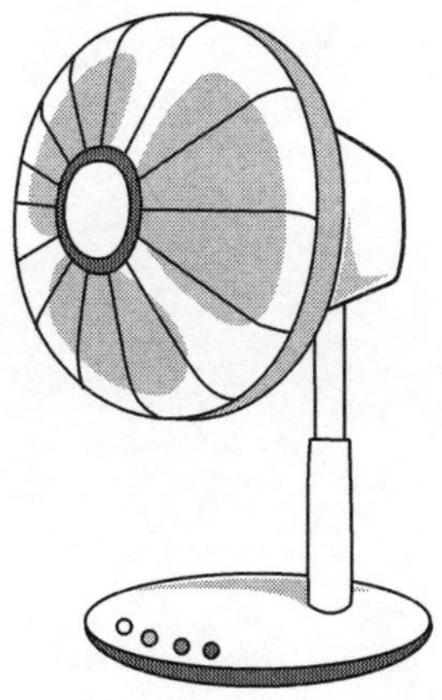

2024 年度　学芸大附属大泉小　過去　無断複製／転載を禁ずる　日本学習図書株式会社

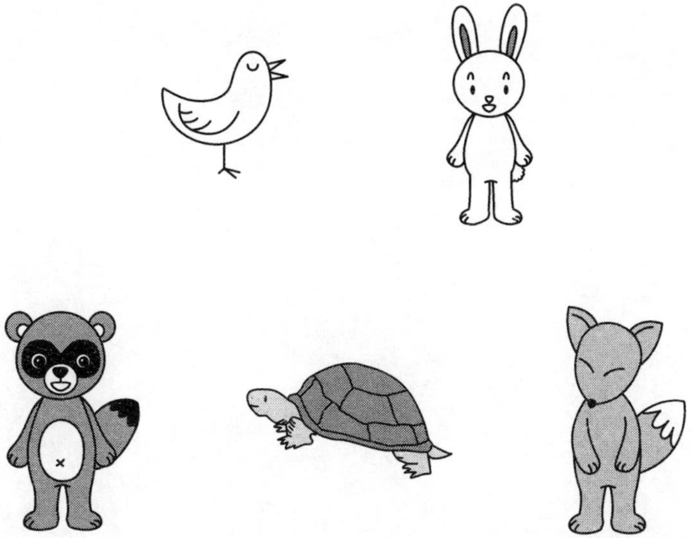

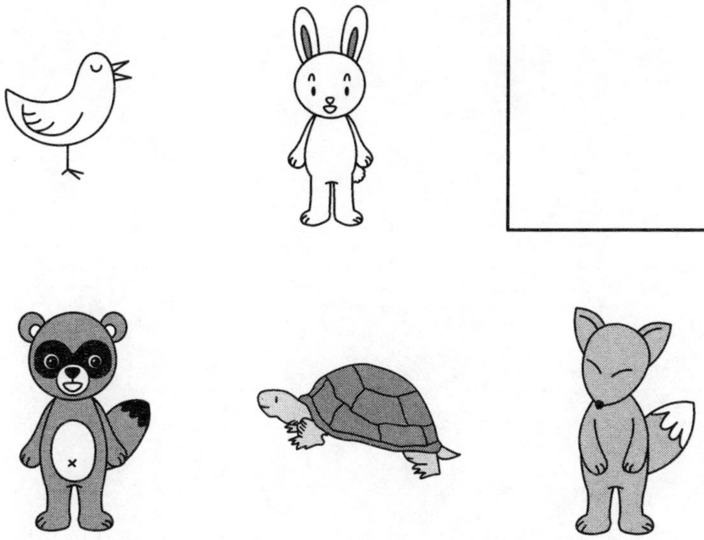

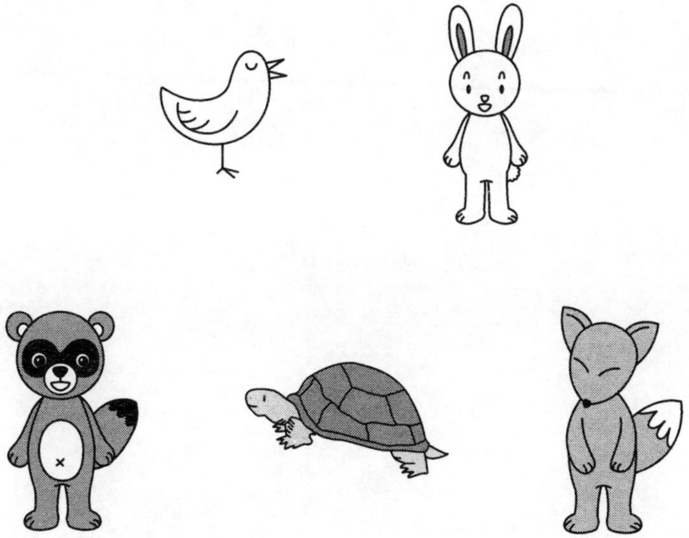

日本学習図書株式会社

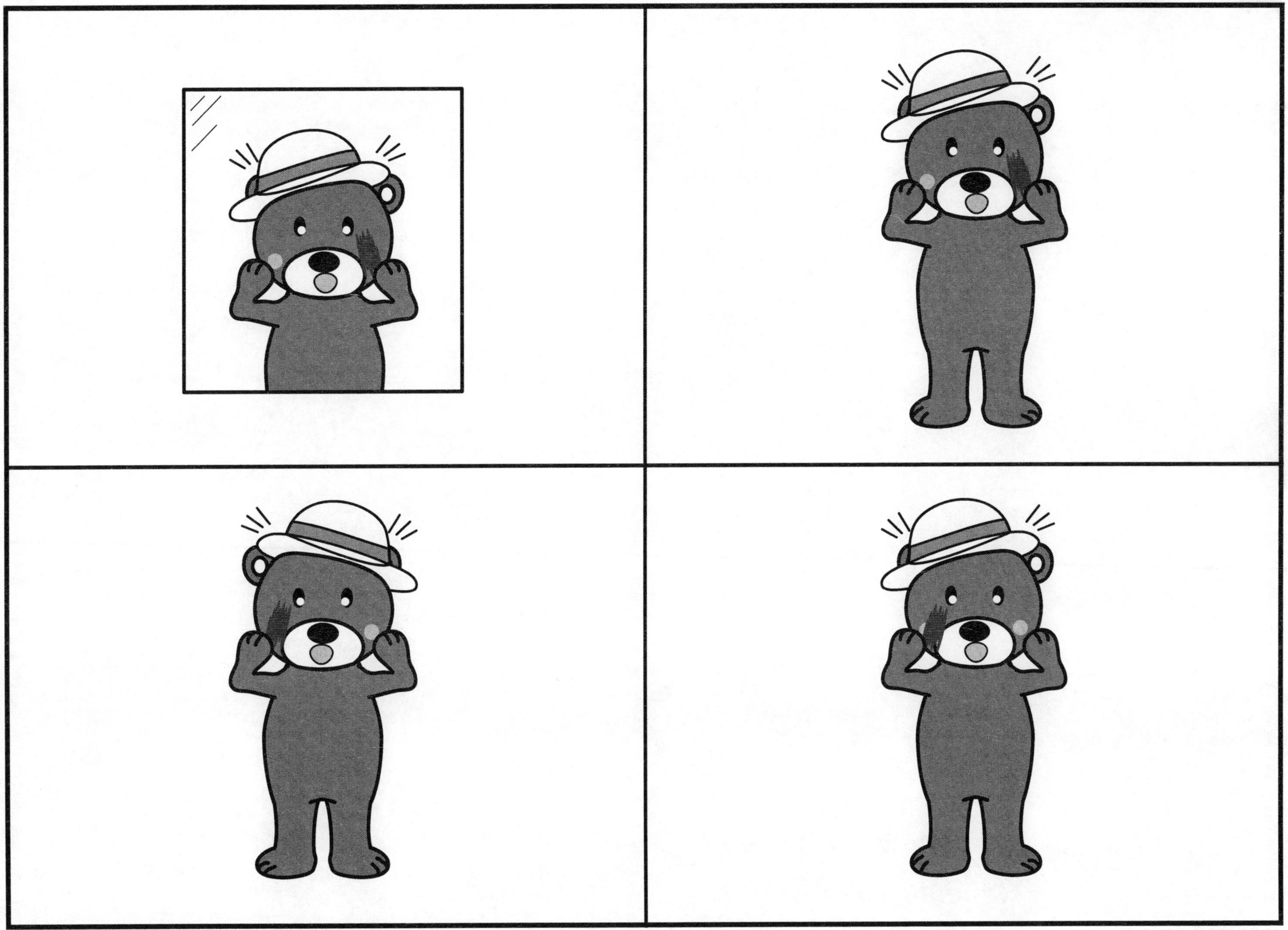

2024 年度　学芸大附属大泉小　過去　無断複製／転載を禁ずる　日本学習図書株式会社

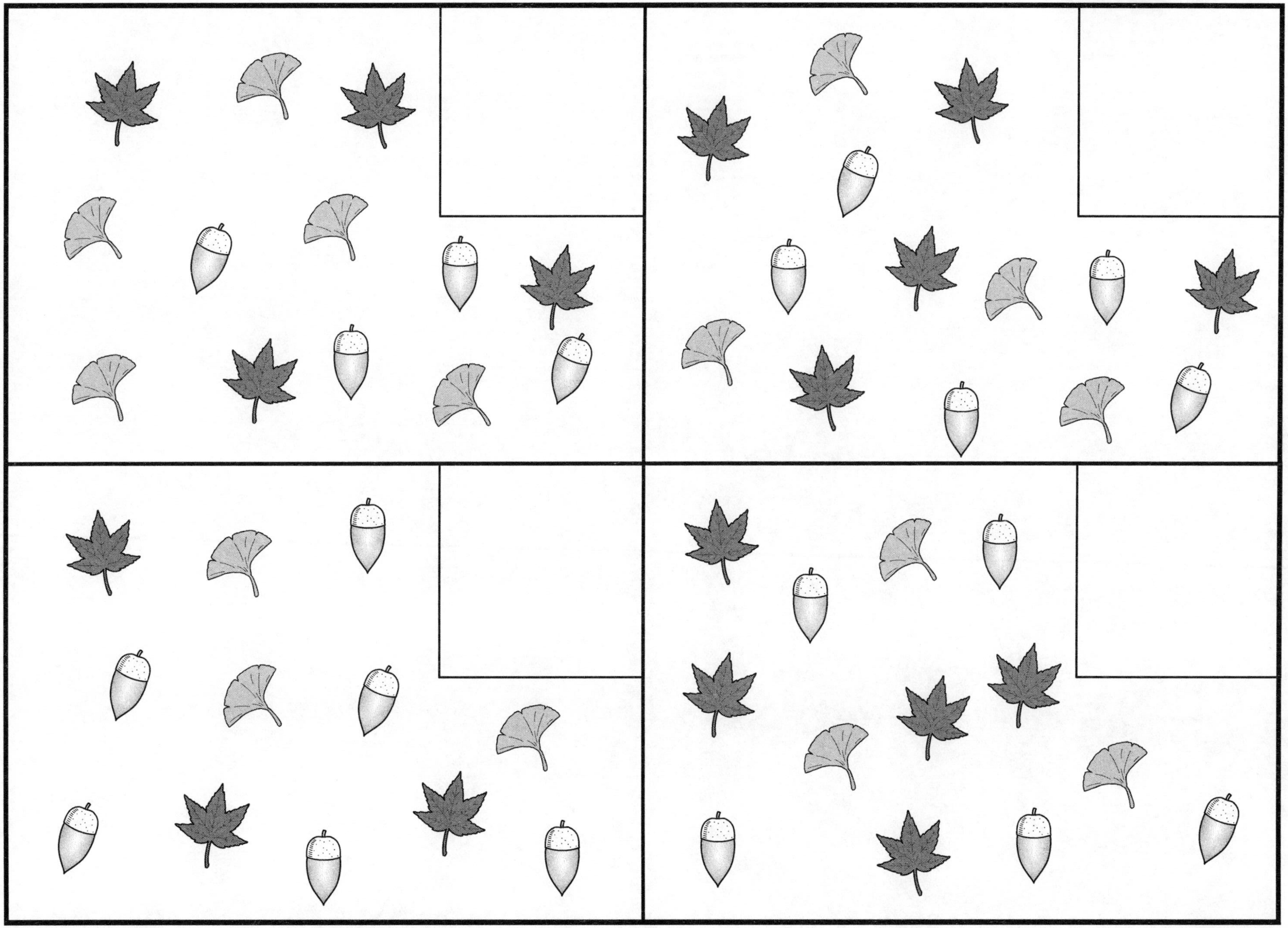

問題３４

①

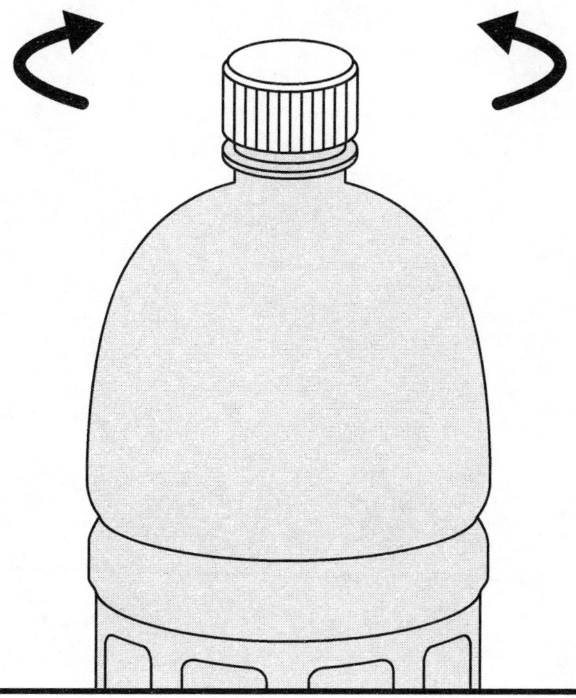

②

③

問題３５

問題３７

①

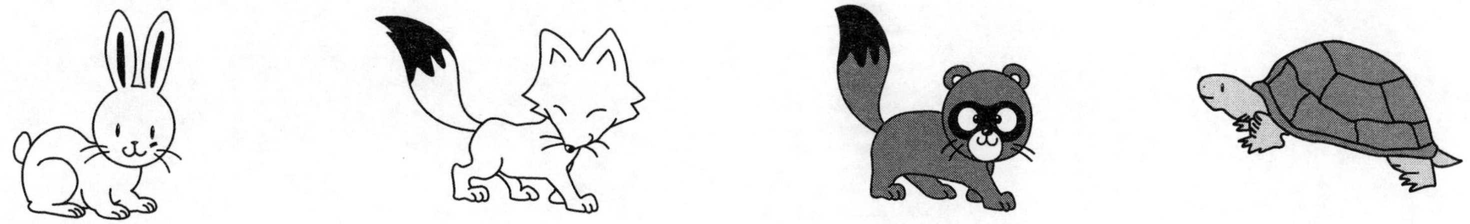

②

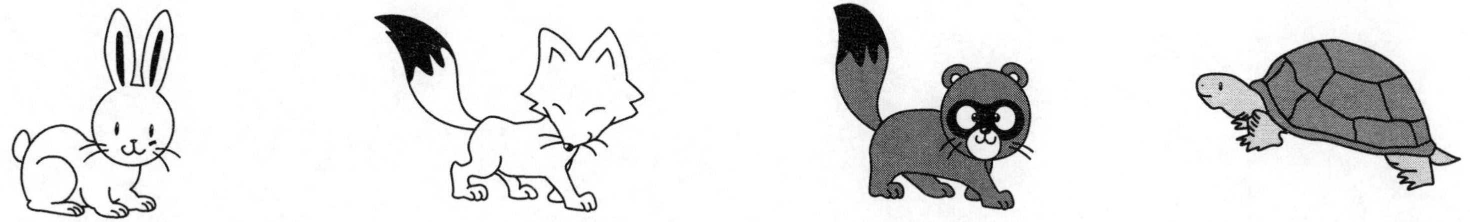

③

問題３８

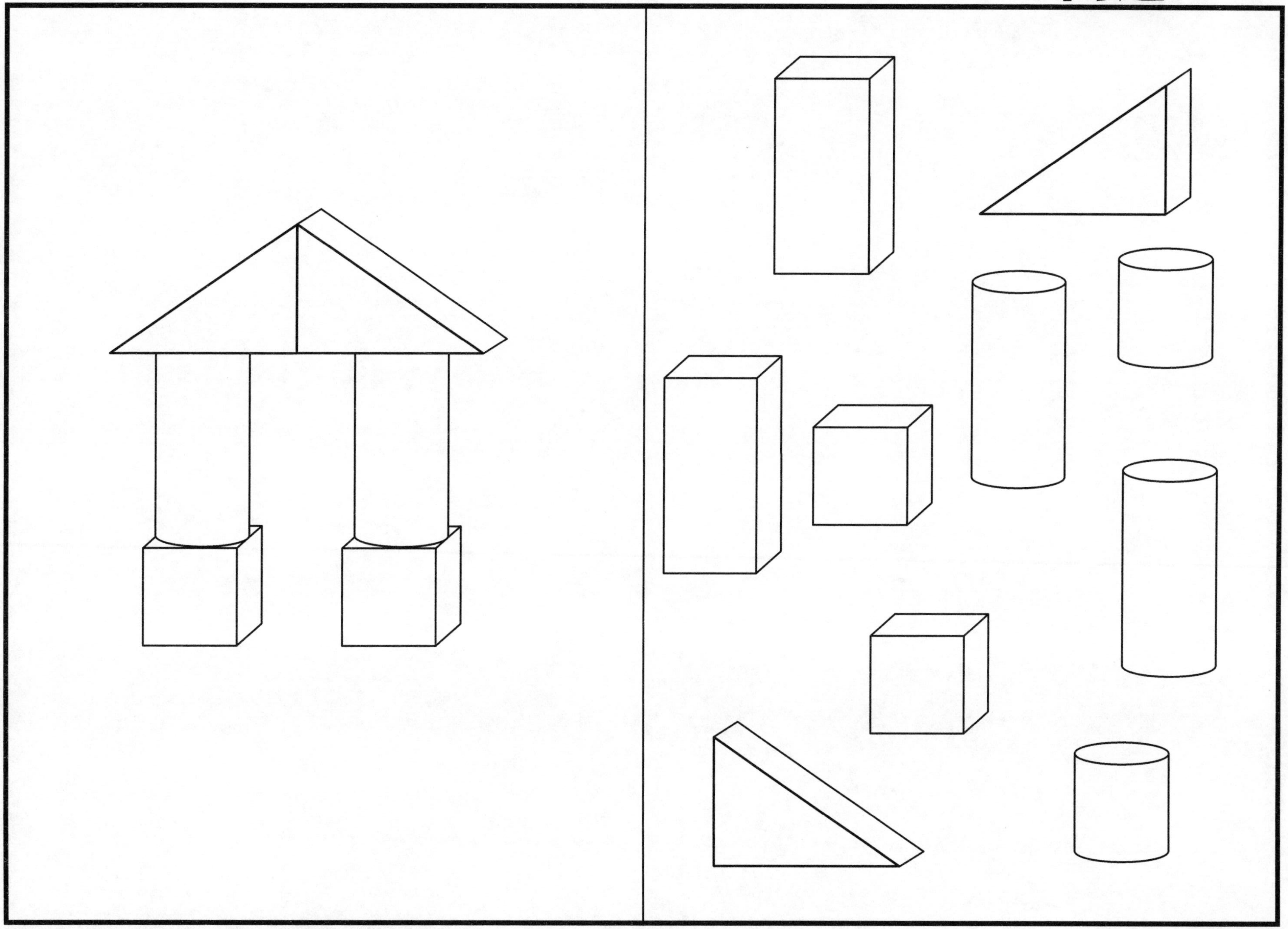

問題３９

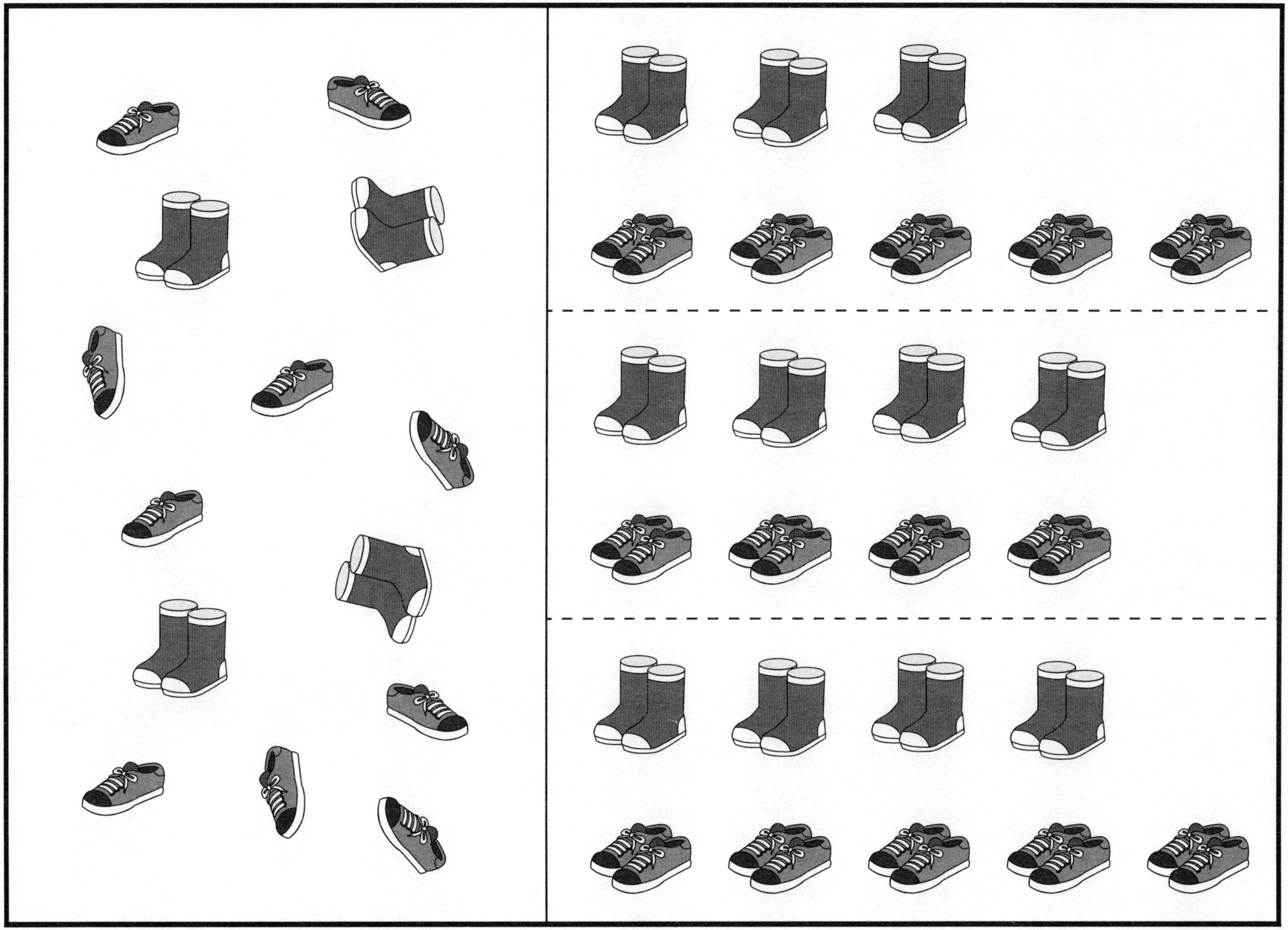

問題４０

問題40

東京学芸大学附属大泉小学校　専用注文書

年　　月　　日

合格のための問題集ベスト・セレクション

＊入試頻出分野ベスト３

1st　常　識　知識　聞く力　思考力

2nd　数　量　観察力　聞く力　正確さ

3rd　記　憶　集中力　聞く力

常識分野と口頭試問では、身近な生活体験をふまえて判断する、生活常識、マナーの問題が頻出です。お話の記憶では、お話の内容を独特な形式で答えるのも、当校の特徴です。

分野	書　名	価格(税込)	注文	分野	書　名	価格(税込)	注文
図形	Ｊｒ・ウォッチャー５「回転・展開」	1,650円	冊	数量	Ｊｒ・ウォッチャー39「たし算・ひき算２」	1,650円	冊
図形	Ｊｒ・ウォッチャー９「合成」	1,650円	冊	数量	Ｊｒ・ウォッチャー42「一対多の対応」	1,650円	冊
常識	Ｊｒ・ウォッチャー12「日常生活」	1,650円	冊	図形	Ｊｒ・ウォッチャー45「図形分割」	1,650円	冊
数量	Ｊｒ・ウォッチャー14「数える」	1,650円	冊	図形	Ｊｒ・ウォッチャー48「鏡図形」	1,650円	冊
常識	Ｊｒ・ウォッチャー18「いろいろな言葉」	1,650円	冊	図形	Ｊｒ・ウォッチャー54「図形の構成」	1,650円	冊
記憶	Ｊｒ・ウォッチャー19「お話の記憶」	1,650円	冊	常識	Ｊｒ・ウォッチャー55「理科②」	1,650円	冊
巧緻性	Ｊｒ・ウォッチャー25「生活巧緻性」	1,650円	冊	常識	Ｊｒ・ウォッチャー56「マナーとルール」	1,650円	冊
常識	Ｊｒ・ウォッチャー27「理科」	1,650円	冊	推理	Ｊｒ・ウォッチャー59「欠所補完」	1,650円	冊
運動	Ｊｒ・ウォッチャー28「運動」	1,650円	冊		新口頭試問・個別テスト問題集	2,750円	冊
観察	Ｊｒ・ウォッチャー29「行動観察」	1,650円	冊		面接テスト問題集	2,200円	冊
観察	Ｊｒ・ウォッチャー30「生活習慣」	1,650円	冊		苦手克服問題集　常識編	2,200円	冊
常識	Ｊｒ・ウォッチャー34「季節」	1,650円	冊		お話の記憶問題集　中級編	2,200円	冊
数量	Ｊｒ・ウォッチャー37「選んで数える」	1,650円	冊		１話５分の読み聞かせお話集①②	1,980円	各　冊
数量	Ｊｒ・ウォッチャー38「たし算・ひき算１」	1,650円	冊				

合計	冊	円

（フリガナ） 氏　名	電　話 ＦＡＸ E-mail
住 所　〒　　　－	以前にご注文されたことはございますか。 有　・　無

★お近くの書店、または記載の電話・FAX・ホームページにてご注文をお受けしております。
電話：03-5261-8951　FAX：03-5261-8953　代金は書籍合計金額＋送料がかかります。
※なお、落丁・乱丁以外の理由による商品の返品・交換には応じかねます。

★ご記入頂いた個人に関する情報は、当社にて厳重に管理致します。なお、ご購入の商品発送の他に、当社発行の書籍案内、書籍に関する調査に使用させて頂く場合がございますので、予めご了承ください。

図書カード 1000 円分プレゼント

ご記入日 令和　　年　　月　　日

☆国・私立小学校受験アンケート☆

※可能な範囲でご記入下さい。選択肢は○で囲んで下さい。

〈小学校名〉＿＿＿＿＿＿＿＿＿＿＿＿　〈お子さまの性別〉男・女　〈誕生月〉＿＿月

〈その他の受験校〉（複数回答可）＿＿＿＿＿＿＿＿＿＿＿＿＿＿＿＿

〈受験日〉①：＿＿月＿＿日〈時間〉＿＿時＿＿分　～　＿＿時＿＿分

②：＿＿月＿＿日〈時間〉＿＿時＿＿分　～　＿＿時＿＿分

〈受験者数〉男女計＿＿名（男子＿＿名　女子＿＿名）

〈お子さまの服装〉＿＿＿＿＿＿＿＿＿＿＿＿＿＿＿＿

〈入試全体の流れ〉（記入例）準備体操→行動観察→ペーパーテスト

＿＿＿＿＿＿＿＿＿＿＿＿＿＿＿＿＿＿＿＿＿＿＿＿

Eメールによる情報提供

日本学習図書では、Eメールでも入試情報を募集しております。
下記のアドレスに、アンケートの内容をご入力の上、メールをお送り下さい。

ojuken@nichigaku.jp

●行動観察　（例）好きなおもちゃで遊ぶ・グループで協力するゲームなど

〈実施日〉＿＿月＿＿日〈時間〉＿＿時＿＿分　～　＿＿時＿＿分〈着替え〉□有　□無

〈出題方法〉□肉声　□録音　□その他（　　　　　）〈お手本〉□有　□無

〈試験形態〉□個別　□集団（　　　人程度）

〈会場図〉

〈内容〉

□自由遊び

＿＿＿＿＿＿＿＿＿＿＿＿＿＿＿＿

□グループ活動

＿＿＿＿＿＿＿＿＿＿＿＿＿＿＿＿

□その他

＿＿＿＿＿＿＿＿＿＿＿＿＿＿＿＿

●運動テスト（有・無）　（例）跳び箱・チームでの競争など

〈実施日〉＿＿月＿＿日〈時間〉＿＿時＿＿分　～　＿＿時＿＿分〈着替え〉□有　□無

〈出題方法〉□肉声　□録音　□その他（　　　　　）〈お手本〉□有　□無

〈試験形態〉□個別　□集団（　　　人程度）

〈会場図〉

〈内容〉

□サーキット運動

□走り　□跳び箱　□平均台　□ゴム跳び

□マット運動　□ボール運動　□なわ跳び

□クマ歩き

□グループ活動＿＿＿＿＿＿＿＿＿＿＿＿＿＿

□その他＿＿＿＿＿＿＿＿＿＿＿＿＿＿＿＿

●知能テスト・口頭試問

〈実施日〉　＿＿月＿＿日　〈時間〉　＿＿時＿＿分　～　＿＿時＿＿分　〈お手本〉□有　□無

〈出題方法〉　□肉声　□録音　□その他（　　　　　　）　〈問題数〉　＿＿枚　＿＿問

分野	方法	内容	詳細・イラスト
（例） お話の記憶	☑筆記 □口頭	動物たちが待ち合わせをする話	（あらすじ） 動物たちが待ち合わせをした。最初にウサギさんが来た。次にイヌくんが、その次にネコさんが来た。最後にタヌキくんが来た。 （問題・イラスト） ３番目に来た動物は誰か 
お話の記憶	□筆記 □口頭		（あらすじ） （問題・イラスト）
図形	□筆記 □口頭		
言語	□筆記 □口頭		
常識	□筆記 □口頭		
数量	□筆記 □口頭		
推理	□筆記 □口頭		
その他	□筆記 □口頭		

●制作　（例）ぬり絵・お絵かき・工作遊びなど

〈実施日〉＿＿月＿＿日〈時間〉＿＿時＿＿分～＿＿時＿＿分

〈出題方法〉□肉声 □録音 □その他（　　　　　）〈お手本〉□有 □無

〈試験形態〉□個別 □集団（　　　人程度）

材料・道具	制作内容
□ハサミ □のり（□つぼ □液体 □スティック） □セロハンテープ □鉛筆 □クレヨン（　色） □クーピーペン（　色） □サインペン（　色）□ □画用紙（□ A4 □ B4 □ A3 □その他：　　　　　） □折り紙 □新聞紙 □粘土 □その他（　　　　　）	□切る　□貼る　□塗る　□ちぎる　□結ぶ　□描く　□その他（　　　　　） タイトル：＿＿＿＿＿＿＿＿＿＿

●面接

〈実施日〉＿＿月＿＿日〈時間〉＿＿時＿＿分～＿＿時＿＿分〈面接担当者〉＿＿名

〈試験形態〉□志願者のみ（　　）名 □保護者のみ □親子同時 □親子別々

〈質問内容〉

※試験会場の様子をご記入下さい。

□志望動機　□お子さまの様子

□家庭の教育方針

□志望校についての知識・理解

□その他（　　　　　　　　　　）

（　詳　細　）

・

・

・

・

●保護者作文・アンケートの提出（有・無）

〈提出日〉□面接直前　□出願時　□志願者考査中　□その他（　　　　　）

〈下書き〉□有　□無

〈アンケート内容〉

（記入例）当校を志望した理由はなんですか（150 字）

●説明会（□有　□無）〈開催日〉＿＿月＿＿日〈時間〉＿＿時＿＿分 ～ ＿＿時＿＿分

〈上履き〉　□要　□不要　〈願書配布〉　□有　□無　〈校舎見学〉　□有　□無

〈ご感想〉

●参加された学校行事（複数回答可）

公開授業〈開催日〉＿＿月＿＿日〈時間〉＿＿時＿＿分 ～ ＿＿時＿＿分

運動会など〈開催日〉＿＿月＿＿日〈時間〉＿＿時＿＿分 ～ ＿＿時＿＿分

学習発表会・音楽会など〈開催日〉＿＿月＿＿日〈時間〉＿＿時＿＿分 ～ ＿＿時＿＿分

〈ご感想〉

※是非参加したほうがよいと感じた行事について

●受験を終えてのご感想、今後受験される方へのアドバイス

※対策学習（重点的に学習しておいた方がよい分野）、当日準備しておいたほうがよい物など

＊＊＊＊＊＊＊＊＊＊＊＊＊　ご記入ありがとうございました　＊＊＊＊＊＊＊＊＊＊＊＊＊

必要事項をご記入の上、ポストにご投函ください。

なお、本アンケートの送付期限は入試終了後３ヶ月とさせていただきます。また、入試に関する情報の記入量が当社の基準に満たない場合、謝礼の送付ができないことがございます。あらかじめご了承ください。

ご住所：〒＿＿＿＿＿＿＿＿＿＿＿＿＿＿＿＿

お名前：＿＿＿＿＿＿＿＿　メール：＿＿＿＿＿＿＿＿

ＴＥＬ：＿＿＿＿＿＿＿＿　ＦＡＸ：＿＿＿＿＿＿＿＿

アンケートのご記入
ありがとうございました

分野別 小学入試練習帳 ジュニアウォッチャー

1．点・線図形	小学校入試で出題頻度の高い『点・線図形』の模写を、難易度の低いものから段階別に幅広く練習することができるように構成。
2．座標	図形の位置模写という作業を、難易度の低いものから段階別に練習できるように構成。
3．パズル	様々なパズルの問題を難易度の低いものから段階別に練習できるように構成。
4．同図形探し	小学校入試で出題頻度の高い、同図形選びの問題を繰り返し練習できるように構成。
5．回転・展開	図形などを回転、または展開したとき、形がどのように変化するかを学習し、理解を深められるように構成。
6．系列	数、図形などの様々な系列問題を、難易度の低いものから段階別に練習できるように構成。
7．迷路	迷路の問題を繰り返し練習できるように構成。
8．対称	対称に関する問題を４つのテーマに分類し、各テーマごとに問題を段階別に練習できるように構成。
9．合成	図形の合成に関する問題を、難易度の低いものから段階別に練習できるように構成。
10．四方からの観察	もの（立体）を様々な角度から見て、どのように見えるかを推理する問題を段階別に整理し、１つの形式で複数の問題を練習できるように構成。
11．いろいろな仲間	ものや動物、植物の共通点を見つけ、分類していく問題を中心に構成。
12．日常生活	日常生活における様々な問題を６つのテーマに分類し、各テーマごとに一つの問題形式で複数の問題を練習できるように構成。
13．時間の流れ	『時間』に着目し、様々なものごとは、時間が経過するとどのように変化するのかということを学習し、理解できるように構成。
14．数える	様々なものを『数える』ことから、数の多少の判定やかけ算、わり算の基礎までを練習できるように構成。
15．比較	比較に関する問題を５つのテーマ（数、高さ、長さ、量、重さ）に分類し、各テーマごとに問題を段階別に練習できるように構成。
16．積み木	数える対象を積み木に限定した問題集。
17．言葉の音遊び	言葉の音に関する問題を５つのテーマに分類し、各テーマごとに問題を段階別に練習できるように構成。
18．いろいろな言葉	表現力をより豊かにするいろいろな言葉として、擬態語や擬声語、同音異義語、反意語、数詞を取り上げた問題集。
19．お話の記憶	お話を聴いてその内容を記憶、理解し、設問に答える形式の問題集。
20．見る記憶・聴く記憶	「見て憶える」「聴いて憶える」という『記憶』分野に特化した問題集。
21．お話作り	いくつかの絵を元にしてお話を作る練習をして、想像力を養うことができるように構成。
22．想像画	描かれてある形や景色に好きな絵を描くことにより、想像力を養うことができるように構成。
23．切る・貼る・塗る	小学校入試で出題頻度の高い、はさみやのりなどを用いた巧緻性の問題を繰り返し練習できるように構成。
24・絵画	小学校入試で出題頻度の高い、お絵かきやぬり絵などクレヨンやクーピーペンを用いた巧緻性の問題を繰り返し練習できるように構成。
25．生活巧緻性	小学校入試で出題頻度の高い日常生活の様々な場面における巧緻性の問題集。
26．文字・数字	ひらがなの清音、濁音、拗音、拗長音、促音と１～20までの数字に焦点を絞り、練習できるように構成。
27．理科	小学校入試で出題頻度が高くなりつつある理科の問題を集めた問題集。
28．運動	出題頻度の高い運動問題を種目別に分けて構成。
29．行動観察	項目ごとに問題提起をし、「このような時はどうか、あるいはどう対処するのか」の観点から問いかける形式の問題集。
30．生活習慣	学校から家庭に提起された問題と思って、一問一問絵を見ながら話し合い、考える形式の問題集。

31．推理思考	数、量、言語、常識（含理科、一般）など、諸々のジャンルから問題を構成し、近年の小学校入試問題傾向に沿って構成。
32．ブラックボックス	箱や筒の中を通ると、どのようなお約束でどのように変化するかを推理・思考する問題集。
33．シーソー	重さの違うものをシーソーに乗せた時どちらに傾くのか、またどうすればシーソーは釣り合うのかを思考する基礎的な問題集。
34．季節	様々な行事や植物などを季節別に分類できるように知識をつける問題集。
35．重ね図形	小学校入試で頻繁に出題されている「図形を重ね合わせてできる形」についての問題を集めました。
36．同数発見	様々な物を数え「同じ数」を発見し、数の多少の判断や数の認識の基礎を学べるように構成した問題集。
37．選んで数える	数の学習の基本となる、いろいろなものの数を正しく数える学習を行う問題集。
38．たし算・ひき算１	数字を使わず、たし算とひき算の基礎を身につけるための問題集。
39．たし算・ひき算２	数字を使わず、たし算とひき算の基礎を身につけるための問題集。
40．数を分ける	数を等しく分ける問題です。等しく分けたときに余りが出るものもあります。
41．数の構成	ある数がどのような数で構成されているか学んでいきます。
42．一対多の対応	一対一の対応から、一対多の対応まで、かけ算の考え方の基礎学習を行います。
43．数のやりとり	あげたり、もらったり、数の変化をしっかりと学びます。
44．見えない数	指定された条件から数を導き出します。
45．図形分割	図形の分割に関する問題集。パズルや合成の分野にも通じる様々な問題を集めました。
46．回転図形	「回転図形」に関する問題集。やさしい問題から始め、いくつかの代表的なパターンから、段階を踏んで学習できるよう編集されています。
47．座標の移動	「マス目の指示通りに移動する問題」と「指示された数だけ移動する問題」を収録。
48．鏡図形	鏡で左右反転させた時の見え方を考えます。平面図形から立体図形、文字、絵まで。
49．しりとり	すべての学習の基礎となる「言葉」を学ぶこと、特に「語彙」を増やすことに重点をおき、さまざまなタイプの「しりとり」問題を集めました。
50．観覧車	観覧車やメリーゴーラウンドなどを舞台にした「回転系列」の問題集。「推理思考」分野の問題ですが、要素として「図形」や「数量」も含みます。
51．運筆①	鉛筆の持ち方を学び、点線なぞり、お手本を見ながらの模写で、線を引く練習をします。
52．運筆②	運筆①からさらに発展し、「欠所補完」や「迷路」などを楽しみながら、より複雑な鉛筆運びを習得することを目指します。
53．四方からの観察 積み木編	積み木を使用した「四方からの観察」に関する問題を練習できるように構成。
54．図形の構成	見本の図形がどのような部分によって形づくられているかを考えます。
55．理科②	理科的知識に関する問題を集中して練習する「常識」分野の問題集。
56．マナーとルール	道路や駅、公共の場でのマナー、安全や衛生に関する常識を学べるように構成。
57．置き換え	さまざまな具体的・抽象的事象を記号で表す「置き換え」の問題を扱います。
58．比較②	長さ・高さ・体積・数などを数学的な知識を使わず、論理的に推測する「比較」の問題を練習できるように構成。
59．欠所補完	線と線のつながり、欠けた絵に当てはまるものなどを求める「欠所補完」に取り組める問題集です。
60．言葉の音（おん）	しりとり、決まった順番の音をつなげるなど、「言葉の音」に関する問題に取り組める練習問題集です。